kiepenheuer
AUFBAU VERLAGSGRUPPE

Bernd-Lutz Lange

Ratloser Übergang

In meinem neuen Deutschland

Gustav Kiepenheuer Verlag

ISBN-10: 3-378-01086-X
ISBN-13: 978-3-378-01086-4

1. Auflage 2006

Einbandgestaltung gold, Anke Fesel und Kai Dieterich
Satz Dörlemann Satz GmbH, Lemförde
Druck und Binden GGP Media GmbH, Pößneck
Printed in Germany

www.gustav-kiepenheuer-verlag.de

Vieles wird zusehend schlechter,
anderes wegsehend nicht besser.

Helmut Qualtinger

Vorwort

Als in Berlin der Stacheldraht ausgerollt und die Mauer gebaut wurde, war ich 17. Ich war 20, als die Beatles ihre ersten Songs in den Hitparaden landeten, und ich war 24, als in mir die Hoffnung auf einen menschlichen Sozialismus zerbrach. Sowjetpanzer machten 1968 die Chance einer gesellschaftlichen Erneuerung zunichte. In meinem Buch »Mauer, Jeans und Prager Frühling« schrieb ich darüber.

Hinter Grenzzäunen und Sperranlagen schienen sich unsere Oberen in ihrem sozialistischen Lager nun für immer einzurichten. 28 Jahre währte ihre Ewigkeit. Diese Zeitspanne ist in der Weltgeschichte eine Marginalie; im Leben von 16 Millionen Menschen, die im ersten sozialistischen Arbeiter-und-Bauern-Staat auf deutschem Boden eingemauert waren, wog sie allerdings schwer.

Mit den Demonstrationen auf dem Leipziger Ring läuteten die Menschen in der DDR 1989 eine Zeit machtvoller Veränderungen ein. Sollte meine Utopie von einem menschlichen Sozialismus doch noch wahr werden? Allein die Mehrheit meiner Landsleute hatte im 41. Jahr der DDR die Geduld verloren und wollte möglichst rasch von den Segnungen westlichen Wohlstands profitieren. Schon bald krempelten Währungsunion und Wiedervereinigung unser Leben von Grund auf um. Aus einem Sozialismus, der nie einer war, gerieten wir unversehens in einen Kapitalismus, der nun erst recht einer sein konnte. Für manche vollzog sich dieser Übergang in ein neues Leben nahtlos, doch viele verfolgten die Veränderungen eher ratlos.

Die Zeit, so scheint es, ist durch die unzähligen Dinge, die wir im Osten neu lernen mußten, unglaublich schnell vergangen, so daß wir uns nicht mehr nur an die Vergangenheit, sondern selbst an die Gegenwart erinnern müssen.

Freunde aus den alten Bundesländern sagten mir wenige Jahre nach dem Fall der Mauer, daß auch ihr Leben schneller geworden sei. Durch Handy, Internet und Globalisierung erleben wir eine Beschleunigung sondergleichen. Und mancher hat plötzlich den Eindruck, daß er dieser Rastlosigkeit seelisch nicht gewachsen ist, daß er das nicht bewältigt. Mit einemmal tauchte der Begriff Entschleunigung auf. Zeit zu haben gilt inzwischen als Luxus. Nur jene, die Zeit im Überfluß haben, weil sie arbeitslos sind, würden auf diesen Luxus gern verzichten.

Bald werden zwei Jahrzehnte vergangen sein, seit mit den Demonstrationen auf dem Leipziger Ring alle Veränderung ihren Anfang nahm. Vieles, was seither geschah, glauben wir noch lebhaft vor uns zu sehen, nicht weniges haben wir schon wieder vergessen. Für mich ein Grund, von meinem Leben im neuen Deutschland zu erzählen und noch einmal an diese oder jene kuriose Episode zu erinnern.

Grenzenlose Freude

Mein Friseur begrüßte mich mit einer einladenden Geste, dabei strahlte er wie eine Glühlampe aus der Produktion vom VEB Leuchtenbau Leipzig.

»Nehm' Se Platz«, und mit einem Blick auf meinen Kopf sagte er: »Ist ja wieder allerhand gewachsen. Da wollen wir den Donauwellen in Ihrem Haupthaar etwas den Schwung nehmen. Wie immer, hinten nicht zu kurz und die Ohren lassen wir bedeckt? Na, Herr Lange, die Ereignisse haben sich ja seit Ihrem letzten Besuch überstürzt, was?!«

»Das können Sie laut sagen!«

»Eben haben wir noch gescherzt: Was ist der Unterschied zwischen einer Waschmaschine und dem Politbüro …?«

»Eine Waschmaschine kann man entkalken!«

»Genau! Und nun steht das gesamte Politbüro in Wandlitz unter Hausarrest!«

Ja, der Friseur hatte recht, Unglaubliches war seit dem 9. November 1989 geschehen. 18.57 Uhr holte der Genosse Schabowski einen zerknitterten Zettel aus der Tasche und las staunenden Journalisten vor: »Privatreisen nach dem Ausland können ohne Voraussetzungen (Reiseanlässe und Verwandtschaftsverhältnisse) beantragt werden …«

Ohne »Voraussetzung« einfach in den Westen?!

So eine Information muß man erst einmal verarbeiten … Moment, wie war das denn nun gemeint? Die Menschen klopften das Gesagte nach irgendwelchen Fallen ab. Sollten wir jetzt – quasi wirklich – dürfen können?

Eine Stunde später herrschte in der Hauptstadt der Deutschen Demokratischen Republik und an ihren unseligen Grenzübergängen noch die gewohnte Ruhe. Die Leute diskutierten in dieser Zeit das Gehörte: »Wie issn det nu jemeint?«

Allmählich verbreitete sich in der Stadt allerdings das Gerücht, der Grenzübergang Bornholmer Straße sei bereits geöffnet.

Das schönste Gerücht seit dem 13. August 1961.

Gegen 21.00 Uhr strömten die Menschen an die Grenze, um zu erfahren, ob in diesem Gerücht ein Funken Wahrheit steckte.

Und dann brach der Sturm los. Eine Stunde später waren schon Tausende mit Trabbis und Wartburgs unterwegs. Die sonst so martialischen Grenzbeamten ergaben sich. Die Zeit der Anweisungen war vorbei. Der Schlagbaum ging hoch. Unvorstellbar.

Schlagbäume hatten in der Geschichte Deutschlands eine so unrühmliche Rolle gespielt; und nun signalisierten sie mit ihrer langsamen Aufwärtsbewegung Tausenden die Kapitulation von Mielke, Krenz und Genossen. Die Menschen aus Ost und West tanzten, feierten die fröhlichste deutsche Party. Westberlin wurde in eine Zweitakter-Duftwolke gehüllt.

Auf dem Ku'damm roch es wie in der DDR.

Ich sah auf einem Foto ein älteres Pärchen, das im Krause-Duo die andere Seite eroberte. Die Mienen derer, die dort am Straßenrand standen, schwankten zwischen Heiterkeit und Staunen: Was war denn das für ein Gefährt?!

Der Friseur riß mich aus meinen Träumen: »Hätten Sie gedacht, daß wir den Fall der Mauer noch erleben?!«

»Niemals!«

»Ich habe immer zu meinem Sohn gesagt, meine Enkel, die werden's vielleicht erleben, meine Enkel ...! Ich sag's Ihnen ehrlich, Herr Lange, als ich die Menschen gesehen habe ... ich hab sonst nicht so nahe am Wasser gebaut, aber da sind mir die Tränen gerollt. Und bei meiner Frau erst! Ein Päckchen Papiertaschentücher war gar nichts. Und ich dachte so bei mir: Jetzt streift uns in Deutschland der Atem der Geschichte!«

Donnerwetter, so viel Poesie hatte ich meinem Friseur gar nicht zugetraut: Der Atem der Geschichte ... Aber er hatte recht. Es war schon unglaublich, daß sich der »antifaschistische Schutzwall« innerhalb weniger Stunden scheinbar in Luft aufgelöst hatte, obwohl er doch noch dastand! Physikalische Gesetze waren in Ostberlin außer Kraft gesetzt worden.

Ein neues Wort tauchte sofort auf: Mauerspechte. Sie pickerten aus dem Wall zwischen den beiden Welten kleine und größere Stücke heraus und etablierten einen schwunghaften Souvenirhandel. Die Mauerstücke gingen um die Welt und tauchten mit entsprechenden Expertisen selbst in den USA auf. Ich bin mir allerdings nicht sicher, ob nicht da und dort auf einem DDR-Bauplatz Mauerstücke umfunktioniert wurden, um daraus auf Flohmärkten Kapital zu schlagen.

Das erste Wochenende nach Öffnung der Grenze nutzten drei Millionen DDR-Bürger für einen Besuch im Westen, 20000 kehrten nicht zurück. Letztlich eine geringe Zahl. Hätte man die DDR-Bürger vor 1989 ins westliche Ausland reisen lassen, das Verhältnis wäre vermutlich ähnlich gewesen.

Auf den Transitstrecken tummelten sich ab November '89 reichlich Fahrzeuge mit DDR-Kennzeichen. Zwischen Berlin und dem Bundesgebiet waren Fahrtzeiten von 17 Stunden die Regel. Vorher hatte man, Grenzkontrollen eingeschlossen, weniger als die Hälfte der Zeit benötigt. Es bauten sich Staus von 60 Kilometer Länge auf. Aber in der Woge der Begeisterung nahmen die Menschen das alles ohne Murren hin.

Wer mit dem Zug fuhr, erlebte den Ansturm der Massen auf andere Weise. Als im Leipziger Hauptbahnhof ein Sonderzug nach Westberlin bereitgestellt wurde, drängten die ungeduldig Wartenden, vermutlich in der Angst, keinen Platz mehr zu bekommen, in Richtung Bahnsteigkante. Eine Frau rutschte auf die Schienen, wurde überrollt. Sie starb an ihren Verletzungen.

Als eine halbe Million Menschen über den Ring gelaufen waren, hatte es keinen Verletzten gegeben, aber auf der Jagd nach dem Begrüßungsgeld verlor ein Mensch sein Leben. Das erste Opfer der Revolution.

»Sagen Sie mal, Herr Lange, haben Sie denn im Fernsehen den Film über Wandlitz gesehen?«

»Ja. Der war schon komisch.«

»Was haben wir uns nicht alles unter Wandlitz vorgestellt?! Irgendwelche prächtigen Häuser, und dann diese Hütten! Da hatte doch in der DDR so ziemlich jeder Fleischermeister eine bessere Datsche!«

»Und die Friseure?«

»Nu, mir standen uns nie so gut wie die Fleischer. Das können Sie überhaupt nicht vergleichen! Die haben doch viel mehr Möglichkeiten zum ... hier ... Sie wissen schon.«

Das geheimnisvolle Wandlitz – und dann diese spießigen Häuschen mit West-Mischbatterien über den Wannen und Becken. Aber die Versorgung mit Konsumgütern aus dem Westen war natürlich für die Bewohner exzellent gewesen.

Nun stand dort das gesamte Politbüro unter Hausarrest! Das waren Pointen, die hätte sich kein Kabarettist besser ausdenken können! Nichts ist phantastischer als die Wirklichkeit.

Hinzu kam eine weitere Sensation: Honecker, Stoph, Mittag, Mielke wurden am 3. Dezember 1989 aus der SED ausgeschlossen! Die obersten Repräsentanten unserer Partei- und Staatsführung waren plötzlich parteilos wie ich!

Mielke hatte in der Volkskammer unter dem Gelächter der Anwesenden seine Liebe zu allen Abgeordneten bekannt und den schönen Satz gesagt, daß der Staatssicherheitsdienst stets einen »außerordentlich hohen Kontakt mit allen werktätigen Menschen« gepflegt habe. Kein Wunder! Bei 85 000 hauptamtlichen und 109 000 informellen Stasi-Mitarbeitern.

Er beklagte, daß viele Informationen von den Entscheidungsgremien der DDR nicht berücksichtigt worden seien. Ob er damit die Daten jener sechs Millionen DDR-Bürger meinte, die von der Staatssicherheit erfaßt worden waren?

Der arme Mielke! Hätte man auf ihn gehört, wäre die DDR längst viel demokratischer gewesen!

»Tja, Herr Lange, dann wollen wir mal sehen, was uns die nächste Zeit alles noch bringt! Eins steht jedenfalls fest: Jetzt geht's nicht mehr nur um Bananen, jetzt geht's um die Wurst!«

Recht hatte er, mein Friseur, das war ja schon wieder der Text für ein Transparent. Er zückte den Spiegel, um mir in Zeitlupe meinen Hinterkopf zu zeigen. »So, Herr Lange, ich hoffe, es ist alles wieder in Ihrem Sinne!«

Und während ich nickte, wußte ich schon, was nun kam.

»Bei der Frisur, da werden die Frauen nach der Vorstellung wieder in Sechserreihen an Ihrer Garderobe warten.«

Das sagte mein Friseur bereits seit 20 Jahren, dabei hatten die Verehrerinnen noch nicht einmal zu sechsen in Reihe gestanden ...!

Als ich den Weg zum Park einschlug, fiel mir ein, daß ich den Figaro hatte fragen wollen, ob er zur ersten Demo nach der Maueröffnung auf dem Ring gewesen war. Ich dachte an jenem Tag, ich sehe nicht richtig, als dort neben der Oper plötzlich Republikaner standen! Eben waren wir noch Augenzeugen des real existierenden Sozialismus in den Farben der DDR gewesen, wie es Erich Honecker immer gern formuliert hatte (dabei hatte die DDR in der Realität vielfach nur Grau- und Schwarztöne zu bieten), und nun verteilten plötzlich in meiner Heimatstadt Leipzig Republikaner aus Passau oder Augsburg, Hannover oder Goslar Kugelschreiber und Aufkleber! Auch so etwas hatten wir also mit unseren Demonstrationen möglich gemacht ... Meine Frau ging zu einem Polizisten, nachdem sie die Neonazis eine Weile beobachtet hatte: »Das können Sie doch nicht zulassen.« Der Uniformierte blickte flüchtig in deren Richtung und zuckte dann nur mit den Schultern, gab keinerlei Kommentar. In seinen Augen las ich so etwas wie: Nu ja, das habt ihr nun davon.

Eine Woche später standen zwei junge Leute mit Fackeln auf dem Karl-Marx-Platz, ein dritter in der Mitte hielt eine schwarz-rot-goldene Fahne. Die martialisch aussehenden Burschen hätten, das war mein Eindruck, am liebsten noch eine ganz andere Fahne bei sich gehabt. Ein guter Bekannter, dessen Mutter Jüdin ist, verfolgte dieses Spektakel mit sehr gemischten Gefühlen und meinte: »Da krieg ich Angst, wenn ich die Kerle mit den Fackeln sehe. Vielleicht werde ich eines Tages sogar dieses Land verlassen müssen.« Meine gutgemeinten, beruhigenden Sätze konnten seine Sorge nicht zerstreuen. »Ich werde nie ein Haus besitzen, ich muß immer mobil sein, nicht zu viele Sachen anhäufen, ich habe von meinen Vorfahren vermutlich das Fluchtgen geerbt.«

Silvester fuhr ich mit meiner Frau zu Freunden nach Berlin. Abends gingen wir zum Brandenburger Tor. Dort fand die erste gemeinsame Ost-West-Silvesterfete statt. Menschen über Menschen. Überall auf den Straßen und Fußwegen lagen Glasscherben. Es klirrte unablässig, und wir konnten den Scherben bald nicht mehr ausweichen. Sie knirschten unter den Sohlen. Keine fröhliche Kulisse bot sich da unseren Augen, die Szenerie war eher bedrohlich. Feuerwerkskörper zischten und knallten. Blaulicht leuchtete zwischen den Menschen auf. Ein Pärchen kam mir entgegen, die Frau blutete am Kopf.

»Hier bleiben wir vermutlich nicht lange«, sagte ich zu meinem Begleiter. Er nickte, und wir zogen uns angesichts

Hunderttausender bald zurück, sahen das Brandenburger Tor, das historisch wertvollste Stück der Berliner Mauer, nur von weitem.

Am nächsten Tag erfuhren wir, daß einige stark alkoholisierte Randalierer auf dieses Tor geklettert waren und die Quadriga demolierten. Die hatte das letzte Mal im Mai 1945 Schaden genommen, als die Nazis in Berlin bis zum letzten Mann kämpfen wollten. Und nun randalierten dort einige mitten im Frieden und verstanden unter Freiheit erst einmal Zerstörung. Das Brandenburger Tor, über Jahrzehnte ein unfreiwilliges Symbol der Trennung, ein Tor, das lange Zeit keins mehr hatte sein dürfen, dieses Tor stand nun mitten im Feier-Chaos und wurde mit Feuerwerksraketen beschossen. Die »Feiernden« kletterten über eine Video-Wand des DDR-Fernsehens, die dort installiert worden war, auf das Bauwerk. Bis zu 500 Menschen und mehr befanden sich zeitweise da oben.

Würden junge Polen oder Franzosen auch so mit einem nationalen Symbol umgehen?

Die Video-Wand brach an jenem Silvesterabend schließlich unter der Last der Menschen zusammen. Die traurige Bilanz: Ein Toter und 135 Verletzte. Aber damit nicht genug: Die Massen kletterten natürlich auch auf die Mauer, und schon in den frühen Abendstunden mußten Hunderte Kinder, Jugendliche und Erwachsene mit Knochenbrüchen und Verstauchungen behandelt werden …

Die schwer beschädigte Quadriga von Johann Gottfried Schadow wurde bis Juli 1991 restauriert. Das waren vermutlich die ersten – nicht geplanten – Kosten, die uns die Wiedervereinigung beschert hat … Seitdem blickt die Göttin Victoria frisch geliftet, aber mit sehr nachdenklicher Miene über die Hauptstadt der Deutschen.

Ja, wenn Deutsche so richtig feiern, da geht schon was ab!

Auf dieser ersten großen gemeinsamen Fete klirrte, pfiff und schepperte es, daß einem recht komisch werden konnte. Auf dem Heimweg schrien uns betrunkene Berliner ihr »Prosit Neujaaahr!« entgegen. Für meine – an weiche Konsonanten gewöhnten – sächsischen Ohren klang das wie ein Befehl.

Nach dem Jahreswechsel tauchte nun bei Demonstrationen in der DDR erstmalig die Losung »Deutschland einig Vaterland« auf, und aus »Wir sind das Volk« wurde »Wir sind ein Volk«. Die es riefen, meinten nicht so sehr die Verbundenheit mit Tante Gerda in Detmold, sondern eher: Wir wollen so leben wie ihr!

Doch das nahm sich als Losung nicht so gut aus.

Das Jahr 1990 brachte uns zunächst immer mehr Westwaren. Fliegende Händler standen überall, wo ein Platz zu ergattern war, und boten uns die sehnsüchtig erwarteten Konsumgüter zum entsprechenden Umtauschsatz an. So mancher in Lagern verstaubte Ramsch erblickte nun das östliche Licht der Welt. Aus der Mode gekommene Pullis, Schmuck und Sonnenbrillen fanden hier ihre Abnehmer.

Ich sehe noch einen kleinen Lieferwagen auf dem Markt vorm Alten Rathaus stehen. Von der Ladefläche herunter verschenkten zwei Männer die quadratisch-praktischen Ritter-Sport-Tafeln. Eine junge Frau reckte der milden Gabe ihre Rechte entgegen, während sie mit der Linken zwei bereits erworbene Tafeln hinter sich verbarg. Diese junge Frau ist nach der Wende in der neuen Gesellschaft bestimmt gut vorangekommen.

Als ich vom Markt in die Petersstraße lief, hatte einer »von drüben« in den Arkaden am Centrum-Warenhaus seinen Stand aufgebaut. Psychologisch an die siegreiche Revolution von Leipzig anknüpfend, warb er mit dem Slogan »Die Revolution im Kleiderschrank«.

Was mag das sein? dachte ich, als ich die Schriftzeile las. Meine ostdeutsche Phantasie reichte nicht für eine Erklärung. Es stellte sich heraus, daß dieser pfiffige Mann einen Kleiderbügel erfunden hatte, mit dem man mehrere Hosen hintereinander aufhängen konnte. Ich fand erst einmal toll, daß er davon ausging, wir DDR-Menschen besäßen durchaus mehrere Hosen. Das war nicht jedem im Westen klar.

Seine Erfindung bringe, wie er lautstark verkündete, zum einen bessere Übersicht im Schrank und zum anderen 70 Prozent Platzeinsparung!

Da kam mir der Gedanke, daß der Mann mit seiner Erfindung wirklich einen Blick in die Zukunft wagte, denn in nächster Zeit würde im Osten so mancher, bei steigenden Mieten, die vertraute Wohnung verlassen und in eine kleinere umziehen müssen. In dieser Wohnung sind vermutlich auch weniger Schränke unterzubringen, und da hilft doch die »Revolution im Kleiderschrank« schon mal über das Gröbste hinweg!

Die neuen Genossen

In die Zeitungen des Landes zog nun Tag für Tag die Wahrheit ein. Unvorstellbar, wie die Redaktionen auf gleichem Papier, in demselben Satzspiegel unser Leben plötzlich so ganz anders widerspiegelten. Wir lasen beispielsweise schwarz auf weiß, daß Leipzig die Hauptstadt der Taubenzecken war: 70 Prozent des DDR-Bestandes lebten in der Messestadt.

Auch das Fernsehen der DDR überraschte uns mit Themen, die eben noch tabu gewesen waren. Am 13. November 1989 lief eine Dokumentation unter dem Titel »Ist Leipzig noch zu retten?«. Ein Gang durch die Stadt ließ Zweifel aufkommen. Marode Häuser säumten die Straßen, wo nach dem Krieg noch unbeschädigte Gebäude gestanden hatten. Undichte Dächer, defekte Dachrinnen und Fallrohre machten jeden Regenguß zur Tortur. Die historische Leistung der SED bestand darin, ein Land im Frieden zerstört zu haben. Das hatte keine Regierung vorher geschafft.

Im Zentrum der weltbekannten Messestadt standen 45 Jahre nach Kriegsende tatsächlich noch Ruinen. In einem Gebäude in der Hainstraße schaute man vom ersten Stockwerk in den Himmel. Während im Erdgeschoß eine Leuchtschrift über dem Elektrogeschäft »Narva taghell« versprach, sah man von oben das Tageslicht durch die Ruinen fallen. Beim Städtischen Kaufhaus verbarg man den ausgebrannten Flügel hinter Werbewänden.

Als die Reporterin vom DDR-Fernsehen einen Bauverantwortlichen der Messestadt fragte, warum über den Zustand Leipzigs in der Öffentlichkeit nicht gesprochen worden wäre, antwortete er sinngemäß: »Sie machen doch Ihren Film auch erst jetzt ...«

Unbeirrt behauptete Gregor Gysi trotzdem in jenen Tagen, seine Partei hätte zwar keine ewigen Wahrheiten mehr, aber »heimlich wissen wir schon, daß es stimmt«.

Mit »es« wurde wieder die Idee beschworen – die hehre ewige gute alte Idee. Wenn nur die Praxis nicht wäre!

Der Vorstand der PDS, die aus der SED hervorging, hat dann verkündet, die Partei wolle eine starke Opposition für die Schwachen sein. Ich frage mich seither, wo waren diese Genossen bloß, als es in der DDR den Schwachen an den Kragen ging?!

Die letzte DDR-Wahl

Kurz nach dem Ende der DDR haben wir Erstaunliches erlebt; besonders überraschend war für mich, wer sich aus Ost und West sofort gut verstand. Zum Beispiel Wolfgang Berghofer und Otto Schily. Wären die beiden im jeweils anderen System aufgewachsen, hätte wohl Berghofer den Schily verteidigt. So gut verstanden die sich mit einemmal.

Ich fand vor allem fabelhaft, daß Otto Schily zum Problem der letzten Volkswahlen in der DDR erst mal Grundsätzliches klärte, indem er feststellte: Da das in der DDR keine richtigen Wahlen waren, kann es auch keine Wahlfälschung gegeben haben!

Was sagen Sie nun?

Darauf wären wir doch nie gekommen!

Richtige Wahlfälschung hätte es also nur in der Bundesrepublik geben können!

Und in Sachen Wahl ist dann auch Egon Krenz mit der Wahrheit herausgerückt. Er gab öffentlich zu, daß er als oberster Wahlmann etwas geahnt hätte. Er hat nichts gewußt, aber – geahnt!

Das kommt ja bei Politikern oft vor, daß sie gewisse Ahnungen haben.

Und Krenz ahnte dunkel, daß es eben nicht mit rechten Dingen zugegangen sein konnte bei dieser Wahl. Er meinte zudem, es habe an einer Art »vorauseilendem Gehorsam« gelegen.

Woher er diese Formulierung bloß haben mag?

Vorauseilender Gehorsam.

Letztlich war es wohl so: Kein Politbüro, kein ZK, kein Funktionär hat die Wahlmanipulationen verlangt.

Aber warum wurde dann überhaupt manipuliert?

Wenn Sie die Wahrheit aushalten können: Ich denke, wir sind selbst schuld!

Ja! Wir ... also das Volk ... wir hatten uns so an die 99 Prozent gewöhnt, daß Genossen wie Berghofer und andere dachten: Man darf sie nicht enttäuschen! Die verkraften das nicht, wenn ein paar Mieslinge die Prozentzahlen drücken.

Die Genossen bekamen einfach Angst, daß sich das Volk etwas antut. Und da haben sie sich schweren Herzens entschieden ... nur um unsertwillen.

Übergang

Schließlich kam jene Zeit, als die Menschen im Osten nur noch gegen Westgeld in ihrer Heimat bleiben wollten! Als die Menge rief: »Kommt die D-Mark, bleiben wir, kommt sie nicht, gehn wir zu ihr!«, da hatte das ostdeutsche Volk die erträumten knisternden Scheine und die gewichtigeren Münzen quasi schon in der Tasche. Eine Währung, wie wir sie hatten – nicht konvertierbar und durch die Ereignisse total unter Druck –, plötzlich in D-Mark umzurubeln ... das war schon ein Ding!

Aber wer hatte dann schlagartig unser Land im Griff?

Die Zampanos, die Hasardspieler von drüben? Klar, sowieso, aber hier bei uns?!

Der Geiz!

Wie geizig wurden zunächst viele Menschen, als sie merkten: »Jetzt muß ich ja auch für die blöde schwarze Schuhcreme D-Mark hinlegen!« Daran hatte vorher keiner gedacht! Ergo: Putz ich mir eben keine Schuhe mehr!

Und manch einer, der zu Ostzeiten gern eine Runde geschmissen hatte, dachte sich: »Denen gebe ich jetzt keinen Schnaps mehr aus ... ich bezahle doch nicht Westgeld für denen ihre Sauferei!«

Und dieser und jener sagte sich: »Jetzt fahre ich nach Prag und haue mal richtig auf den Putz! Tausche schwarz und setze mich vormittags mit Champagner vor das Hotel Ambassador am Wenzelsplatz und kann endlich mal so leben wie ein Wessi. Früher wollten sie unser Geld nicht haben! Jetzt laß ich die Puppen tanzen!«

In dieser Zeit entstand der Begriff »Rachetourismus«.

Vereinigung

Eigentlich, so sagt man, wollte Kohl die Wiedervereinigung anfangs auch nicht so schnell.

Die Dresdner sind schuld!

Die haben ihn gefeiert wie seinerzeit den sächsischen König. Kohls Stern war ja im Westen längst im Sinken, aber aus dem Osten kommt bekanntlich das Licht, und so erglänzten die breitflächigen Wangen des Kanzlers, als ihm die Elbtalbewohner applaudierten. Gerührt nahm er den Jubel entgegen. Die Dresdner hatten überhaupt keine Erfahrung mit Westpolitikern, da sie diese Leute bekanntlich nicht mal im Fernsehen sehen konnten. Und nun hatten sie gleich den Leibhaftigsten von drüben vor Augen! Ihre verklärten Mienen schienen zu sagen: Endlich mal ein Politiker, dem man Glauben schenken kann!

Und sie schenkten ihm davon reichlich.

Kohl wiederum, der ergriff die Gunst der Stunde und dachte bei sich: Wenn diese jubelnde Masse mich wählt und wenn das im Osten überall so ist, da kann ich schon noch ein paar Jährchen weitermachen. Zu Hause gibt es ja zum Glück ein paar Leute, die mir nicht nur Freude, sondern der Partei sogar handfestere Sachen spenden.

Mit Wasser in den Augen hatte Helmut Kohl also plötzlich Land in Sicht.

Das ganze Deutschland soll es sein.

Und hier im Osten gab es ja auch allerhand abzuschöpfen. Zunächst einmal viele neue Parteimitglieder!

Daß die Ost-CDU jahrzehntelang zur Fahnenstange der SED gehalten und vor lauter Ergebenheitsadressen manchmal fast den eigenen Parteinamen vergessen hatte ... vergeben.

Kohl war ja durch seinen christlichen Glauben geradezu gezwungen, zu vergeben.

Ob er wollte oder nicht!

Aber er wollte schon.

Außerdem haben er und seine Parteifreunde sich nicht nur die Ost-CDU einverleibt, sondern auch noch die DBD. Das wird Ihnen gar nichts mehr sagen …

Das war die Demokratische Bauernpartei Deutschlands.

Der Begriff Deutschland tauchte ja in der DDR prinzipiell nur noch in Parteinamen auf.

Ich hätte nie geglaubt, daß unsere DDR-Partei-Bauern so christlich waren. Die haben ihre Gläubigkeit über die Jahrzehnte auf ihren genossenschaftlichen Höfen und Staatsgütern perfekt verborgen, die Parteiführung regelrecht in die Irre geführt, indem sie zum Beispiel in den fünfziger Jahren an ihren Gebäuden und Fahrzeugen Transparente mit dem Spruch befestigten: »Ohne Gott und Sonnenschein bringen wir die Ernte ein!«

Das war alles nur Tarnung der heimlichen Christen.

Und deshalb sagte Kohl: »Lasset die Bauernpartei zu mir kommen!«

Sie kam.

Aber das Leben spielte in jenen Tagen ja noch viel verrückter. Erich Mielke war seit dem 3. Oktober 1990 Bundesbürger!

Ob er wollte oder nicht.

Er wollte natürlich nicht.

Und nun lebte er auch noch in *West*-Berlin. Zwar nur in Moabit, aber immerhin! Inzwischen wurde nach und nach aus seinem Ferienheim in Heringsdorf ein nobles Hotel, dort hätte nun auch jeder BND-Agent absteigen können – in demselben Haus, in dem die Stasi, Schild und Schwert der Partei, Ferien gemacht hatte …

Es war eine Zeit angebrochen, in der das Leben die unglaublichsten Pointen schrieb.

Da wurde der Wehrdienstverweigerer Eppelmann Minister für Verteidigung! Andererseits – er hatte ja nicht gesagt, daß er Ministerverweigerer ist …

Oder die Mauer! Die Abwicklung dieses Monsterbaus wurde der Bundeswehr übertragen. Doch die damit erzielten Einnahmen bekamen nicht, wie geplant, das Gesundheitswesen und der Denkmalsschutz der ehemaligen DDR, sondern der Bund erhielt die Millionen. Das hätte sich unser Armeegeneral Keßler auch nicht träumen lassen, daß mit dem Erlös des »antifaschistischen Schutzwalls« der Jäger 90 finanziert wird!

Jetzt geht's los!

Im Jahr 1990 wurden in Berlin, Leipzig und anderen Städten der DDR die Gebäude der Staatssicherheit von Demonstranten besetzt. Die »Aktion Reißwolf«, die seit November 1989 lief (seitdem wußten die Genossen, daß die Tage ihrer Herrschaft gezählt waren), fand ein jähes Ende.

Die Reißwölfe konnten ruhen.

Sie hatten sich längst überfressen.

Inzwischen war bekannt geworden, daß es bei der Staatssicherheit »Offiziere im besonderen Einsatz« gab. Der Büroleiter des Komitees zur Auflösung der Staatssicherheit war ein solcher.

Der Chef der ostdeutschen SPD, Ibrahim Böhme, und der Vorsitzende des Demokratischen Aufbruchs, Wolfgang Schnur, wurden als IM enttarnt. Wer auch immer das politische Rennen machte, die Sicherheitsorgane wären informiert worden.

Die Parteien kämpften indes um Stimmen.

Lafontaine, in jenen Tagen der Mann der SPD, war gegen die schnelle Wirtschafts- und Währungsunion. Er prophezeite hohe Arbeitslosigkeit. Seine Warnung wollten die Menschen nicht hören.

Kohl kannte sich mit dem Wahlvolk besser aus. Seine schlichten Botschaften erreichten den Adressaten direkt, seine Versprechungen zielten »auf Herz und Magen«.

Am 18. März siegte die »Allianz für Deutschland«, ab 1. Juli galt die Wirtschafts-, Währungs- und Sozialunion BRD-DDR. Die Schaufenster wurden schon Tage vorher mit Westwaren dekoriert. Daneben hing ein von HO-Gebrauchswerbern sauber gemaltes Schild: »Verkauf dieser Waren ab 2. 7. 90«.

Am Tag, als die D-Mark kam, wurde aus der DDR ein einziger großer Intershop.

10000 Menschen warteten in der Nacht vom 1. zum 2. Juli 1990 vor der Filiale der Deutschen Bank am Ostberliner Alexanderplatz. 2000 DDR-Mark konnten 1:1 getauscht werden. Unglaublich! Uns waren jahrzehntelang ganz andere Tauschsätze abverlangt worden ...

In jenem Juli wurde Deutschland sogar Fußballweltmeister!

Was konnte uns noch passieren?!

Franz Beckenbauer erhielt den Titel »Welttrainer des Jahres« und meinte, das vereinte Deutschland würde in Zukunft auf dem Fußballplatz kaum mehr zu schlagen sein. Na ja, auch »Kaiser« können irren.

Kurz nach der Währungsunion wurden fünf Millionen Versicherungen aller Art in der DDR unterschrieben, mit vielen – um es nett zu formulieren – unredlichen Zusagen.

Fachleute veranschlagen etwa eine Milliarde Schaden – nicht für die Unternehmen, sondern für die Versicherungsnehmer! Um das zu illustrieren: Da gab es Experten, die es schafften, einer alten Frau eine Versicherung für Hagelschlag bei Frühbeetfenstern einzureden. Und auch das konnte im gewandelten Osten geschehen: der ehemalige Führungsoffizier schwatzte nach seinem Berufswechsel einem früheren IM irgendeine Police auf.

Einen Tag nach meinem Geburtstag, also am 16. Juli, traf sich Kohl mit Gorbatschow im Kaukasus. Den hatten die Deutschen schon vor 50 Jahren erobern wollen; nun eroberte Helmut in den Bergen das Herz von Michail.

Gorbatschow sagte: »Wir werden versuchen, alle Nüsse zu knacken, und wir haben gute Zähne.« Er begab sich mit Kohl nicht ohne Grund in eine lockere, ländliche Atmosphäre. Von Mensch zu Mensch, in Pullover und Strickjacke, wurde von beiden Politikern in dem verschlafenen Nest Archys im Kaukasus während dieses sowjetisch-deutschen Gipfels Weltpolitik gemacht.

Und die Nüsse wurden geknackt!

Im *Zwei-plus-Vier-Vertrag* einigten sich die Regierenden aus Moskau und Bonn über den Abzug der gesamten sowjetischen Truppen. Bis zum Jahr 1994, so vereinbarten sie, sollte der abgeschlossen sein.

Meine Generation wurde einmal mehr Zeuge von unglaublichen, nicht vorstellbaren Ereignissen! Unentwegt vermeldeten die Medien neue Sensationen: Am 23. August beschloß die Volkskammer den Beitritt zur Bundesrepublik! Am 24. September trat die DDR aus dem Warschauer Pakt aus!

Wer hätte wohl gedacht, daß man sich so problemlos aus dem »sozialistischen Lager« verabschieden konnte. Es sollte bald noch besser kommen. Nicht lange hin und wir waren plötzlich in der NATO.

Die CDU gewann schließlich die Wahl, weil sie vehement für die schnelle Einheit warb. Das Jubeln verging den friedlichen Revolutionären aber bald wieder. Nach der großen Fete kam der Kater mit Kopfschmerz und Ernüchterung. Viele Menschen wurden letztlich arbeitslos, nur weil sie einen VW, Camel und einen Videorecorder besitzen wollten, so schnell es irgend ging. Einige sind – ohne das je zu ahnen – auf die Straße gegangen, um dann anschließend sogar auf ihr zu leben.

Der ostdeutschen Wirtschaft blies der rauhe Wind der kapitalistischen Marktwirtschaft entgegen. Er trieb die Betriebe im Osten reihenweise in den Ruin. Die DDR-Verbraucher stürzten sich fast ausnahmslos auf westliche Konsumgüter, und die Wirtschaft in der alten Bundesrepublik boomte. Es gab viele neue Millionäre. Der Handel der DDR mit Osteuropa brach dagegen mit der Einführung der D-Mark zusammen.

Berater und Geschäftemacher überfluteten das Land. Solche und solche. In dieser Zeit warnte Golo Mann: »Wir sollten nicht den demokratischen Oberlehrer spielen.«

Wir lernten vor Ort bald viele Oberlehrer kennen.

Natürlich gab es liebenswerte Menschen aus den alten Ländern, die sich trotz schlechter Wohn- und Arbeitsbedingungen für den Aufbau Ost engagierten. Aber wir lernten auch Landsleute kennen, die nicht gerade zur Elite der Bundesrepublik gehörten, hier jedoch das große Geschäft witterten. Während wir noch um den Leipziger Ring zogen, schritten sie schon die Claims ihrer künftigen Gewinne ab.

Ein leitender Mitarbeiter einer großen deutschen Bank sagte mir: »Herr Lange, all jene Leute, die ich in den letzten Jahren aus guten Gründen entlassen habe, treffe ich im Osten wieder.«

Auch Hochmut, der weiterhin vor dem Fall kommt, begegnete den Ostdeutschen nicht selten. So charakterisierte der Volksmund jene selbstbewußten Glücksritter: »Die wundern sich, daß wir schon Rolltreppe fahren können.«

Zum Ergebnis der überhasteten Währungsunion sagte Bundesbankchef Pöhl ein Jahr danach: »Eine Katastrophe.«

Helmut Kohl formulierte indes: »Viele unserer Landsleute werden sich auf neue und ungewohnte Lebensbedingungen einstellen müssen und auch auf eine gewiß nicht einfache Zeit des Übergangs. Aber niemandem werden dabei unbillige Härten zugebilligt.«

Recht hatte er. Die Härten waren nicht billig!

Die Zeit raste.

Die SPD wollte noch eine gesamtdeutsche Verfassung erarbeiten und vom Parlament verabschieden lassen. Erfahrungen der DDR-Bürger sollten mit einfließen. Die Bundesregierung jedoch strebte den DDR-Beitritt an. Nach Artikel 23. Das ging schneller, war aber eher ein Anschluß als ein Beitritt. Drum tauchten auch Transparente auf: »Artikel 23 – Kein Anschluß unter dieser Nummer!«

Am 3. Oktober 1990 traten wir bei.

Ich war bisher lediglich, mehr oder weniger freiwillig, der FDJ, der DSF und dem FDGB beigetreten.

Nun also der Bundesrepublik Deutschland!

Ich ahnte allerdings, daß die monatlichen Beiträge für diese Gesellschaft eine andere Höhe haben würden.

An diesem 3. Oktober 1990 war ein Wunder passiert: Aus DDR-Bürgern waren wieder Deutsche geworden. Wir Ostdeutschen stellten mit Erstaunen fest, daß wir plötzlich eine gemeinsame Grenze mit der Schweiz und Frankreich hatten. Diese Länder waren noch vor kurzem weltenweit entfernt gewesen.

Aber so mancher Ost-Bürger sagte sich auch: Wenn ich gewußt hätte, daß aus der DDR nichts weiter wird als die Bundesrepublik, hätte ich auch schon vor zehn Jahren abhauen können. Dann wäre ich jetzt weiter.

Wir wechselten vom Sozialismus, der nie einer war, in den Kapitalismus, der jetzt erst recht einer sein konnte. Andererseits hatten wir Daheimgebliebenen bei dem, was auf uns zukam, einen schwerwiegenden Vorteil gegenüber jenen, die ausgereist waren: *Wir erlebten den Kapitalismus nun wenigstens in der Heimat.*

Das sollte uns trösten.

Die Einstellung

1990 war wohl das Jahr mit den meisten Einstellungsgesprächen, die es je in Deutschland gegeben hat. Fast das ganze Volk der Ostdeutschen mußte sich um eine Stelle neu bewerben, und viele taten es sogar für jenen Arbeitsplatz, den sie seit Jahren hatten. Wer nicht in einem Betrieb oder einer Institution beschäftigt war, die auf geradem Wege in die neue Gesellschaft manövriert wurden, der saß in einer Warteschleife, wurde abgewickelt oder mußte sich eben bewerben.

Ich besuchte in jenen Tagen eine gute Bekannte, die ihre Stelle als Sekretärin behalten hatte, nur eben – wie fast überall – unter einem neuen Chef. Für Recherchen zu gegenwärtigen Problemen und Konflikten in der Arbeitswelt hatte ich mit ihm einen Gesprächstermin vereinbart. Weil ich mit meiner Bekannten noch ein paar Worte wechseln wollte, war ich etwas eher gekommen. Sie wurde jedoch in einer dringenden Angelegenheit in ein anderes Büro gerufen. Während ich da saß und wartete, wurde ich unfreiwillig Zeuge eines Einstellungsgesprächs, das im Zimmer nebenan stattfand. Hinter der angelehnten Tür sagte ein Mann: »Mein Name ist …«

»Herrmann! Weiß ich doch! Na, nehmen Sie mal Platz, Herr Herrmann. Sagen Sie mal … Herrmann, Herrmann … sind Sie etwa mit dem Politbüro-Herrmann verwandt?!«

»Nein, bin ich nicht!«

»Das war nur ein Wessi-Scherz! Sie sehen, wir sind auch nicht ohne Humor! So, da wollen wir uns mal ganz locker über dies und das … oh, pardon … ich habe vergessen, mich vorzustellen. Mein Name ist Heydrich! Wenn wir's genau machen wollen, Doktor Heinz-Hermann Heydrich, aber das spielt jetzt keine Rolle ... Doktor hin, Doktor her ...«

»Also, Herr Doktor Heydrich, ich bin Ihnen wirklich sehr dankbar ...«

»Sie müssen mir nicht dankbar sein, mein lieber Herr Herrmann, bei uns bekommt jeder eine Chance. *Das* ist die ihre. Unsere Future GmbH Frankfurt am Main – und jetzt auch Leipzig – hat es sich zum obersten Prinzip gemacht, in ganz persönlichen Gesprächen mit eventuellen künftigen Mitarbeitern eventuelle Wünsche, Neigungen, Interessen zu ergründen. Wenn ich sage per-sön-lich, dann meine ich das auch so und würde Sie bitten, daß Sie mir mal Ihren Lebenslauf in der DDR etwas erhellen. Wie lief denn das ab, so eine Kindheit, Jugend in der DDR.«

»Die Probleme begannen bei mir tatsächlich schon in der Schule. Ich bin Pfarrerssohn und deshalb ...«

Hier wurde die Rede des Mannes vom Chef bereits unterbrochen: »Moment, evangelischer oder katholischer?«

Der Besucher schien etwas verwundert zu sein. In der entstandenen Pause hatte der Mann hinter dem Schreibtisch seinen Lapsus bemerkt und lachte: »Entschuldigen Sie, Herr Herrmann, Sie sehen, auch bei mir ... der Streß, der Streß ... katholischer Pfarrerssohn ... Wenn das jetzt der Papst gehört hätte, was?! Apropos Papst! Kennen Sie den, Herr Herrmann? Wissen Sie, was eine absolute Nonne ist?«

»Nein.«

»Hab ich gedacht, passen Sie auf, heute erfahren Sie's! Also, eine absolute Nonne ist: wenn die Mutter auch schon Nonne war!« Gleich war sein dröhnendes Lachen aus dem Zimmer zu hören. Der Bewerber war akustisch nicht auszumachen, hatte vermutlich nur mimisch reagiert. »Ist das ein Kracher, was? Wenn die Mutter auch schon ... Aber wir waren im Gespräch bei Ihrem Herrn Vater angelangt ...«

»Ja, ich hatte Schwierigkeiten, weil ich nicht zu den Jungen Pionieren gehörte ...«

»Ah ja«, schob der Frager dazwischen, »das waren die mit den schwarzen Halstüchern ...«

»Nein«, kam es vorsichtig korrigierend von der anderen Seite, »das war noch etwas früher, wir hatten blaue und dann rote ...«

»Blau und rot, super, alles klar!«

»Dann wurde mir die Oberschule verwehrt, weil ich nicht in die FDJ eingetreten war.«

»Aha, also Repressalien auf der ganzen Linie.«

»Mein Vater hat dann eine Eingabe an Gerald Götting geschrieben und ...«

»Götting, Götting? Da müssen Sie mir mal helfen, Herr Herrmann ...«

»Das war der Vorsitzende der DDR-CDU.«

»Ah so, da hat sich der Herr Vater quasi mal nicht beim lieben Gott, sondern beim lieben Götting beschwert!« Und schon lachte er wieder herzlich über seinen Witz.

»Da ich aber einen ganz guten Zensurendurchschnitt hatte, also 1,1 ...«

»Moment«, unterbrach er den Kandidaten, »Moment, von wegen ganz gut: 1,1! Respekt, Herr Herrmann, Respekt. Da sehen Sie mal: wenn das Leben immer nach dem Zensurendurchschnitt entscheiden würde, dann müßten Sie glatt hier auf meinem Stuhl sitzen. War nur ein Wessi-Scherz«, fügte er dann beschwichtigend hinzu.

»Also wurde ich nach langem Hin und Her doch für die Oberschule zugelassen. Nach der Schule ging das ganze Theater von vorn los, mein Vater hat wieder Eingaben geschrieben, ist von Pontius zu Pilatus gelaufen, und ich wurde schließlich doch für ein Studium zugelassen. Maschinenbau, an der Technischen Universität Dresden.«

»Ah ja, da gibt's so was«, fügte er etwas erstaunt hinzu.

»Während des Studiums ging eigentlich alles ganz gut und nach dem Abschluß stellte man mir sogar eine Promotion in Aussicht – wenn ich in die SED eintreten würde.«

»Aha, und das war bei Ihnen nicht drin.«

»Natürlich nicht.«

»Sehr lobenswert, Herr Herrmann, sehr lobenswert! Aber sagen Sie mal, sind Sie denn nicht wenigstens in so eine Blockpartei abgetaucht?«

»Nein, eine ›Blockflöte‹ wollte ich nun wirklich nicht werden.«

»›Blockflöte‹ ist ja auch herrlich!«

»Ossi-Scherz«, informierte der Bewerber ihn trocken.

»Ja, Herr Herrmann ... und dann?«

»Dann wurde ich Maschinenbauingenieur im VEB ›Fritz Heckert‹ in Karl-Marx-Stadt.«

»Und in diesem VEB Dingsbums ...«

»Fritz Heckert.«

»Da sind Sie doch dann wenigstens in diese Zwangsgewerkschaft ...«

»FDGB.«

»... eingetreten.«

»Nein, deshalb durfte ich ja nicht einmal stellvertretender Abteilungsleiter werden!«

»Respekt, Herr Herrmann! Sie sind ja wirklich ein total kompromißloser Typ. Alle Achtung! Na ja, heute ist das alles Schnee von gestern, heute, in unserer freiheitlichen Gesellschaft, da haben Sie zum Glück so eine charaktervolle Haltung nicht mehr nötig und Sie werden gern bereit sein, unter diesen neuen Bedingungen auch einmal einen Kompromiß zu schließen.«

»Ja, wenn ich davon überzeugt bin.«

Nach einer kleinen Pause, ich stellte mir vor, daß er dabei den Kopf hin und her wiegte: »Dazu muß ich Ihnen sagen, mein lieber Herr Herrmann, wenn ich von allem hundertprozentig überzeugt gewesen wäre, was ich auf diesem Stuhl hier zu vertreten hatte ... Mein lieber Herr Herrmann, es ist natürlich auch so: Man kann nicht das ganze Leben mit der geballten Faust herumrennen, zumal ein Betrieb eine starke Führung braucht. Man sagt ja nicht umsonst: Führungskraft!!! Woraus besteht das Wort? Aus Führen und Kraft!«

»Ich würde jetzt gern eine Leitungsfunktion übernehmen. Jetzt, wo alles anders ist.«

»Sehr gut, sehr gut, es ist nur so, wenn ich Ihre Papiere eine Treppe höher gebe und die Herren blättern noch etwas darin herum und fragen sich, na, was haben wir denn hier für einen ..., einen Herrn ... Herrmann ... Was ist denn das so für einer? ... Aha, aha, das ist also einer, der sich im Leben nie den Gegebenheiten angepaßt hat, immer ganz kompromißlos gewesen ... so, so, ... dann könnte ja der Eindruck entstehen – ich konstruiere einmal, Herr Herrmann – Sie sind nicht motiviert genug! Oder nicht an einer Karriere interessiert! Also ...«

Und ich hatte das Gefühl, daß er sich etwas vertraulich zu seinem Besucher über den Tisch beugte.

»... mein lieber Herr Herrmann, machen Sie es sich nicht so schwer! Schreiben Sie lieber SED rein!«

Recherchen benötigte ich nicht mehr.

Ich hatte meinen Text und verließ das Büro.

Ein Lob aus der Schweiz

Was sagt Ihnen der Name Wieger?

Vermutlich nichts, mir sagte er genauso wenig. Bis ich 1990, nachdem an unseren Zeitungskiosken der bunte Blätterwald Einzug gehalten hatte, auf ein Journal aus der Schweiz stieß.

Was bleibt von der DDR, welche Produkte?, fragten die Redakteure in einem Artikel.

Einer antwortete: Das Wieger-Sturmgewehr.

Weder haben Sie eins besessen, noch habe ich je eins in den Händen gehabt, aber dieses Produkt unserer Genossen hat den Eidgenossen unheimlich imponiert!

»Daß in der ehemaligen DDR verschiedene Typen von Kalaschnikow-Sturmgewehren in den Kalibern 7,62 × 39 und 5,45 × 39 hergestellt wurden – übrigens in besonders hochwertiger Qualität – ist allgemein bekannt.«

Also, mir war das nicht bekannt. Und die westdeutschen Brüder und Schwestern, wußten sie das? Die dachten doch, der Osten bringt nichts Solides zustande.

Nun dieses Schweizer Qualitätslob!

In der DDR sagte man übrigens nicht Sturmgewehr, sondern MPi. Das klang nicht so gefährlich, eben bissel nach MPi mal Daumen.

Ab 1957 wurden in einer ehemaligen erzgebirgischen Strumpffabrik in Wiesa statt warmer Socken heißbegehrte Kalaschnikows produziert.

Von 8000 im Jahre 1958 haben die Erzgebirgler die Produktion mit der Zeit auf über 100 000 Stück erhöht. Von wegen: Die im Osten sollen erst einmal arbeiten lernen!

»Das Wieger-Sturmgewehr Modell 942 mit der von der DDR-Kalaschnikow her bekannten typischen, nach rechts abklappbaren Schulterstütze.«

Hätten Sie gedacht, daß wir in der DDR die Schulterstütze ausgerechnet nach *rechts* abgeklappt haben?!

»Vom Modell 943 gibt es eine verchromte Luxusausführung.«

Damit wurde vermutlich nur an Sonn- und Feiertagen geschossen. Oder wenn ein hoher Militär selbst einmal Hand anlegte.

»Das Sturmgewehr Wieger 941 mit 305 mm-Drall ist für die NATO-Patrone SS 109 eingerichtet.«

Wir kooperierten also schon mit der NATO, als wir noch im Warschauer Pakt waren!

Und warum? Na klar, alles für den Export. Doch wenn uns die NATO nun angegriffen hätte? Dann wären die Leute in Wiesa mit den dort hergestellten Waffen erschossen worden.

»Da die NATO-Patrone 5,56 mm weltweit verbreitet ist, war es tatsächlich auch nicht schwer, Kunden zu gewinnen.«

1990 gab es Bestellungen aus Ghana, Nigeria, Peru, Indien und Uganda. Und da hieß es immer wieder, wir hätten keine effektiven Produkte hervorgebracht!

Man stelle sich vor, zwei Bürgerkriegsparteien schießen aufeinander, und den sozialistischen Kämpfern sind die Patronen ausgegangen, sie finden im eroberten Haus aber noch eine Schachtel mit kapitalistischer Munition – schwupp, rein mit der 5,56er, und es kann weitergemetzelt werden, worldwide.

In Wiesa ist die Waffenproduktion in der neuen Zeit eingestellt worden. Dort residiert – wenn sie noch residiert – die »Spezialwerkzeuge und Hydraulik GmbH«. Spezialwerkzeuge, mit denen man nicht schießen kann, sind mir um ein Vielfaches lieber, obwohl ich schon einen Slogan für's Marketing in der neuen Zeit parat hätte:

Das Sturmgewehr von Wieger – mit dem kann jeder Krieger!

Beim Zahnarzt

Der Mann, der im Wartezimmer neben mir sitzt, hat, das habe ich aus den Augenwinkeln gesehen, schon mehrmals versucht, mit mir Blickkontakt aufzunehmen. Als ich von meinem Buch einmal aufsehe und zum Fenster hinausschaue, sieht er seine Chance gekommen. Er nickt mir lächelnd zu: »Schrecklich, die Warterei, was?!«

»Ja, ja, ist nicht zu ändern.«

»Genau. Ich sage Ihnen, ich kann nachts kaum noch schlafen, wenn ich am nächsten Tag einen Zahnarzttermin habe. Und kurz vor der Tür – Herzklopfen, Atemnot und dann die Warterei! Ich würde am liebsten gleich reinrennen: Hier, Herr Doktor, los, schnell, reißen Sie den Zahn raus und Schluß! Aber nee, warten, warten. Und wenn ich das Wort ›Inlay‹ höre – da weiß ich schon, was losgeht: bohren, bohren und nochmals bohren. Dann noch paar Mal wiederkommen. Heutzutage lieben die Ärzte ihre Patienten ja geradezu.«

Ich lächle dem kräftigen Typ zu und will mich wieder meinem Buch widmen.

»Ich kann auch nicht – wie Sie – lesen. Keine Chance. Ablenken ist nicht drin. Dabei habe ich alles hinter mir, was hart macht. Maurer mit Abitur. Ringer. Armee. Berufsoffizier. Sie können ja gegen das Militär sagen, was Sie wollen, aber zwischen dem Bund und der Nationalen Volksarmee hat die Vereinigung sofort geklappt! Ganz klar: Die hatten ein Feindbild, wir hatten ein Feindbild. Die hamm bissel rumgeschossen, wir hamm bissel rumgeschossen. Ob Diktatur oder Demokratie, die Armee ist jenseits von Gut und Böse!

Bei der Vereinigung der Armeen haben Sie gesehen: Ein Befehl ist die effizienteste Leitungstätigkeit, die es gibt.

Keine langen demokratischen Quacksalbereien!

Ab morgen, 7 Uhr 30, ist der frühere Feind unser Freund! Wegtreten!

Die Grünen wollten ja am liebsten die Bundeswehr und die NATO auflösen! Rührend! Und träumten gleichzeitig von einer Regierungsbeteiligung! Ich sage Ihnen, wenn der Posten des Verteidigungsministers von einem Grünen besetzt werden soll, die Interessenten würden Schlange stehen!«

Ich versuche wieder einen Blick in mein Buch zu werfen, aber er nagelt mich mit seinem Redefluß fest, benutzt mich, um sich von der drohenden Gefahr des Bohrens abzulenken.

»Wissen Sie, was ich mir natürlich nie hätte träumen lassen ... Daß ich eines Tages unser NVA-Gerät verscherbele! Wenn mir das jemand gesagt hätte: Eines Tages verkaufst du deine eigenen Panzer! Verschenkst sie sogar! Von Eggesin nach Ützküsükü oder wie die Orte dort unten in der Türkei alle heißen. Wenn mir das jemand gesagt hätte, daß die Deutschen durch die Auflösung der NVA im Waffenexport an die dritte Stelle in der Welt rücken – ich hätte mich totgelacht! Na ja, das ganze Gerede – Waffenexport ist unmoralisch ... Ist es moralisch, Autos zu bauen?! In Rußland sind in einem Jahr 36000 Menschen bei Verkehrsunfällen ums Leben gekommen und über 200000 wurden verletzt! Da! Hören Sie's?«

Ich lausche und höre von weitem den Bohrer surren.

»Er bohrt. Er bohrt wieder! Wissen Sie, was ich hier in der Plastetüte habe? Ein frisches Unterhemd. Wenn ich dann vom Zahnarztstuhl aufstehe, bin ich klatschnaß! Aber eins habe ich gelernt: so einfach ist das nicht, zu sagen, Rüstung ist was Schlechtes. Ohne die Rüstung, mein lieber Mann, da gäbe es ja noch mehr Arbeitslose! Die Abschaffung der Kriege wäre für Deutschland eine Katastrophe! Na, und von den Steuern der Waffenproduzenten – da profitieren Sie doch auch! Und sogar die friedliebenden

Grünen! Die kriegen vielleicht gerade von dem Geld ihren lang ersehnten Fahrradweg gebaut! Ich habe gerade gestern meiner Enkelin zum Geburtstag ein Fahrrad geschenkt.«

Nun holt er Fotos aus seiner Brieftasche und reicht sie mir zum Ansehen.

»Das hier ist die Kleine von der Großen und das ist die Große von der Kleinen. Liebe Mädels! Wenn ich da manchmal die Bilder im Fernsehen sehe, dann sag ich mir, es ist schon ein Glück, daß wir in Deutschland leben!«

Die Akten

Der letzte Innenminister der DDR, Peter-Michael Diestel, wollte die Stasi-Akten am liebsten alle verbrennen. Das hätte dem »VEB Horch und Guck« sehr gefallen, hatten die dort Beschäftigten in der Endphase der DDR die Aktenvernichtung doch bereits vehement betrieben. Die Bürgerkomitees und auch die Bevölkerung im Land sahen das aber anders. Die Stasizentralen wurden gestürmt; die Akten sind später zugänglich gemacht worden. Einst Bespitzelte dürfen nun die über sie abgegebenen Berichte lesen. Bis heute ist das Interesse an den Akten ungebrochen. Aus gutem Grund. Welcher Gastgeber möchte schon jemanden zum Grillabend einladen, der ihn vormals denunziert hat.

Die Einsicht in die Akten wurde für viele zur unliebsamen Überraschung. Hatte doch der nette Mieter von gegenüber, mit dem man manche Fete gefeiert hatte, die Wohnungseinrichtung bei seinen Besuchen so präzis verinnerlicht, daß er sie bis ins letzte Detail beschreiben konnte. Und er hatte dokumentarisch aufgeführt, was die Müllers alles aus dem Westen besaßen.

Das DDR-Volk machte durchweg die Erfahrung, daß sich kein IM nach der Enttarnung freiwillig zu seiner Spitzelei bekannte. Etwa nach dem Motto: Hör mal, ich muß mal mit dir reden ... Zugegeben wurde prinzipiell nur, was schwarz auf weiß geschrieben stand. War einer überführt, erklang gebetsmühlenartig der Satz: »Ich habe doch niemandem geschadet.« Dabei konnten die Informanten die Folgen ihres Tuns gar nicht abschätzen.

Auch das hörte ich immer wieder: Die Opfer waren viel aufgeregter als die Täter, wenn sie ihrem Denunzianten auf der Straße begegneten. Die Täter hatten zumeist kein Unrechtsbewußtsein, und so mancher kam seinem Observationsobjekt sogar freudestrahlend entgegen.

Viele Spitzel stritten bis zuletzt alles ab. Man erzählte, daß dem Mitbegründer der SPD (DDR) Ibrahim Böhme ein Tonbandmitschnitt vorgespielt wurde, worin er einen mündlichen Bericht gegeben hatte. Als er sich dazu äußern sollte, meinte er: »Ja, das ist meine Stimme, aber das habe ich nicht gesagt.«

Kafkaesk.

Während sich für IMs aus der Enttarnung mitunter berufliche Konsequenzen ergaben, geschah den hauptberuflichen Mitarbeitern der Stasi nichts. Die Justiz hatte keine Handhabe. Wie sollten sie durch DDR-Gesetze bestraft werden, da ja die Bespitzelung in der Republik nicht nur erlaubt, sondern sogar von der führenden Partei gefördert wurde.

So half nur Aufarbeitung durch Offenlegung.

Daß die Straftaten der Staatssicherheit ungesühnt blieben, ärgerte viele DDR-Bürger. Ein Taxifahrer sagte mir in jenen Tagen: »Wenn Sie mich fragen, Herr Lange, die Stasi hat beizeiten einen Deal mit denen in Bonn gemacht. Als sie gemerkt haben, die Sache ist gelaufen, da haben die in Bonn angerufen und gesagt: ›Wir versprechen euch, nicht mehr einzugreifen, nicht zu schießen, und ihr laßt uns dafür in Frieden.‹«

Die hauptamtlichen Mitarbeiter der Behörde eröffneten beispielsweise Autohäuser und gründeten Sicherheitsfirmen, wachten nicht mehr über die Sicherheit des Staates, sondern über die von Büros und Wohnungen.

Erstaunt waren wir Ostler, als bekannt wurde, daß die Stasi auch in der BRD-Bevölkerung reichlich Mitarbeiter gewonnen hatte. In der DDR hatte mancher für eine nicht nachvollziehbare, krude Überzeugung gespitzelt, aber drüben im Westen, worum ging es denen, wenn nicht ums Geld?

Zur ersten Premiere unseres Kabarett-Duos nach der

’89er Revolution, im Oktober 1990, erhielt ich ein ganz besonderes Premierengeschenk. Ein Besucher, der bei der Besetzung des Gebäudes der Staatssicherheit dabei gewesen war, drückte mir drei zerrissene Blatt Papier in die Hand – Mitteilungen über meine Familie, die er im Keller auf einem Packen zerstörter Akten zufällig entdeckt hatte. Ich mußte wieder daran denken, nachdem ich den Film »Das Leben der anderen« mit Ulrich Mühe gesehen hatte.

Ich erfuhr durch diese Blätter, daß unser Telefon abgehört worden war. Am 24. Oktober 1986 hatte meine Frau aus Westdeutschland angerufen, wohin sie zum Geburtstag ihrer Mutter fahren durfte. Aus dem Abhörband 1221 ist mit der Uhrzeit 17.21 vermerkt: »Frau Lange (hält sich z.Z. besuchsweise in BRD auf) kündigt ihre Rückkehr für den 25.10. um 17.45 Uhr an, ihr Mann wird sie vom Bahnhof abholen. Sohn Sascha fährt morgen nach Zwickau, kommt am Sonntag wieder zurück.«

Daß der Stasi diese Informationen zu Ohren gekommen sind, hat die DDR vermutlich wieder für ein paar Jahre gerettet. Aber am Ende ist der Apparat auch an der Menge solch nutzloser Informationen erstickt.

Kriminell

Als die D-Mark eingeführt war, nahm auch im Osten die Kriminalität zu. Wozu hätte man in der DDR eine Bank überfallen sollen, wenn man mit dem Geld außerhalb des Landes nichts anfangen konnte, ja damit nicht mal aus dem Lande kam ...?

Als wir nun konvertierbare Währung mit uns herumtrugen, wuchsen Überfälle und Klauerei. Diese Erfahrung mußte auch ich machen. Eines Tages schloß ich die Tür unserer Remise auf ... Jetzt wissen Sie nicht, was eine Remise sein soll? Nun, dazu muß ich Ihnen sagen, daß unsere Hausgemeinschaft jenes bürgerliche Wort über die ganze DDR-Zeit gebrauchte. Gemeint ist ein Raum in unserem Jugendstilhaus, in dem wir die Fahrräder abstellen, Remise kommt – wie ich dem Fremdwörterbuch entnahm – aus dem Französischen und bedeutet eigentlich »Wagenschuppen«. Da wir aber keine Pferdekutschen zum Unterstellen hatten, nutzten wir den Raum für unsere Drahtesel.

Nachdem ich also die Tür aufgeschlossen hatte und mein Fahrrad nehmen wollte, schaute ich bei meinem gewohnten Abstellplatz ins Leere. Mein ebenfalls aus Frankreich stammendes Fahrrad der Marke Peugeot, mit harter D-Mark erworben, stand nicht an seinem Platz.

Weg!

Geklaut!

Aus der verschlossenen Remise!

Grand malheur!

Die Spitzbuben kommen eben überall rein! Vielleicht hatte auch ein Hausbewohner in großer Sorglosigkeit die Türe unversperrt gelassen. Es gibt ja immer luschige Typen, denen alles zuviel ist, die selbst einen Karton nicht zusammengelegt in den Altpapiercontainer werfen können. Dabei wohnen bei uns im Haus bloß studierte Leute, aber zum Beispiel der ... nun, ich will mir einen Namen versagen, aber der könnte jedenfalls die Türe offen gelassen haben.

Und ich habe seinetwegen den Salat! Liederlichkeit, elende!

Mein Termin geriet in Gefahr, weil ich ja die Anfahrt mit Rad geplant hatte. Ich mußte also ein Taxi rufen.

Am nächsten Tag ging ich zur Polizei und meldete den Diebstahl.

Sollten Sie in so eine Situation geraten, dann sage ich nur: Zeit müssen Sie schon mitbringen, zumal der Uniformierte – wie in uralten Polizistenwitzen – nach dem System »Adler« schrieb.

Wer es nicht kennt: der Finger kreist über den Buchstaben, um sich schließlich auf die entsprechende Taste – wie der Adler auf das Kaninchen – hinabzustürzen.

Wie der Gesetzeshüter »Peugeot« schrieb – darüber will ich den Mantel des Schweigens breiten. Mit dem Objekt des Diebstahls gab es jedenfalls keinerlei Übereinstimmung, und dadurch, dachte ich mir, sanken die Chancen beträchtlich, daß ich das schicke französische Rad jemals wieder bekommen würde. Vom Polizisten erfuhr ich schließlich, daß ich nach Ablauf von drei Wochen im städtischen Fundbüro nach meinem Fahrrad fragen sollte und dann meine Schadenersatz-Meldung bei der Versicherung aufgeben könnte.

Als drei Wochen vergangen waren, meldete ich mich bei jener Stelle, um nach meinem geliebten Damenrad Ausschau zu halten. Ja, ich bin ein bekennender Damenradfahrer, da ich es ausgesprochen albern finde, erst das rechte Bein in die Waagerechte zu schlenkern, um dann auf dem Sattel Platz zu nehmen.

Ich sah schäbige und schöne Fahrräder im Fundbüro,

aber meins war nicht unter den aufgefundenen. Also hin zur Versicherung! Anzeige. Wie, wann, wo, Wert.

Als noch einige Tage verstrichen waren, saß ich mit meiner Frau im Café Puschkin. Wir wählten das Essen, die Getränke, schwatzten über dies und das. Meine Frau sah dabei zum Fenster hinaus, unterbrach meinen Redefluß und sagte zu mir: »Guck mal, das Fahrrad, das da draußen am Fenster lehnt, sieht aus wie deins.«

Ich folgte ihrem Blick, tatsächlich, dieselbe Marke, die gleichen Farben. Ich stand sofort auf, um es mir genauer zu betrachten. Vielleicht saß der Dieb – wie wir – im Café Puschkin?!

Als ich das Rad begutachtete, fiel mir schlagartig dreierlei auf:

1. Es war angeschlossen … mit meinem Schloß!
2. Es war verstaubt.
3. Die Luft in den Reifen war ziemlich runter.

Kein Wunder, schließlich hatte es dort schon einige Wochen gestanden …

Den Blick meiner Frau werde ich nicht vergessen, als ich mich wieder zu ihr setzte und ihr sagte: »Es ist mein Rad.«

Der »Diebstahl« hatte sich folgendermaßen zugetragen: Ich war irgendwann mit dem Rad ins »Puschkin« gefahren, dann hatten mich während des Aufenthaltes im Lokal die Ausläufer der Altersvergeßlichkeit erreicht oder der Grad an Ablenkung durch die Plauderei am Tisch war einfach zu hoch gewesen. Zu Fuß war ich wieder in unsere Wohnung zurückgekehrt … ohne auch nur an das Rad zu denken.

Am nächsten Tag sah ich auf meinem Kontoauszug die Überweisung der Versicherung für das »gestohlene« Fahrrad!

Ich ging sofort in die Geschäftsstelle, berichtete die Saga vom wiedergefundenen Rad und bat um die entsprechende Kontonummer für die Rücküberweisung. Die Angestellte war nicht weniger irritiert als meine Frau im »Puschkin«. Daß es mitten in Deutschland Menschen gab, die einer

Versicherung Geld zurückzahlen, hätte sie, so war mein Eindruck, nicht für möglich gehalten.

Einige Wochen später las ich in der Zeitung, daß genau jene Versicherung – trotz meiner rigorosen Ehrlichkeit – 1,2 Milliarden Verluste eingefahren hatte!

Da wäre es auf die paar Mark für mein Rad auch nicht mehr angekommen!

Beim Friseur

Mein Friseur verschönt mit seiner Kunst Damen und Herren gleichermaßen. Als ich einmal etwas zu früh vor Ort war, belauschte ich sein Gespräch mit einer Kundin.

»Sie hatten mir doch bei Ihrem letzten Besuch erzählt, daß Sie einen Mann von drüben kennengelernt haben. Ist denn die Liebe noch frisch?«

»Ja, ja.«

»Und das funktioniert?«

»Doch, doch.«

»Es ist ja interessant, daß in 90 Prozent der Fälle ein *West*mann mit einer *Ost*frau zusammen ist. Ich habe gelesen, sie finden die Ostfrauen unkomplizierter, weiblicher, hingebungsvoller und auch materiell anspruchsloser.«

»Ja, ja, so sind wir eben, nicht wahr.«

»Außerdem war das ja schon immer so, daß sich die Sieger die Frauen der Besiegten genommen haben.«

»Da ist was dran. Natürlich.«

»Sehen Sie mal, der weiße Mann nahm sich eine schwarze Frau, aber es passierte doch selten, daß sich der schwarze Mann eine weiße Frau nahm?«

»Also, ich hätte nichts dagegen, wenn der Denzel Washington an mir Interesse hätte.«

»Das kann ich mir gut vorstellen. Und verstehen Sie sich gut mit Ihrem Westmann?«

»Na ja, Unterschiede gibt es natürlich. Bei unserem Treffen erzählte er mir gleich von seiner Karriere, seinem Einkommen, was er alles hat und so …«

»Ja, das ist dort eben so üblich, der will sozusagen seine wirtschaftliche Seriosität beweisen …«

»… aber das interessiert mich doch nicht beim ersten Mal!«

»Sicher, Frau Scheinpflug, klar! Es soll ja auch mit der Sexualität im Osten insgesamt besser laufen. Ich habe gelesen, daß wir in den Betten vorne liegen! Die Paare schlafen öfter und länger miteinander, und die Frauen bekommen häufiger einen Orgasmus.«

»Na klaaaar!!! Wissen Sie, das ist eben so: Die im Westen haben doch immer nur Spassss, nich, das haben Sie doch auch schon gehört, die sagen Spassss. Wir dagegen hier haben Schbaaaaß, nich. Schbaaaaß. Das ist der Unterschied!«

»Wir haben uns eben immer bissel mehr Zeit gelassen. Sprachlich gibt es doch zwischen Ost und West immer noch allerhand Unterschiede. Sagt denn ihr Partner auch ›an Weihnachten‹?«

»Ja, ja, schrecklich. Und im Restaurant bestellt mein Freund immer Salaaaht, nich, wir dagegen essen Sallat, ne, Sallat. Und ehe der das mit der Uhr kapiert hatte. Viertel zwei oder dreiviertel vier.«

»Das ist doch nun wirklich nicht zu schwer.«

»Wir haben uns deshalb mehrfach verfehlt. Die haben eben nur vor und nach. Und immer wieder diese englischen Begriffe im Sprachgebrauch … wir machen da ein Brainstorming … Wo ist meine Outdoor-Jacke …«

»Wir haben nicht ein russisches Wort in unsere Sprache übernommen!«

»Außer Wodka.«

»Genau. Wenn wir so russifiziert wären, wie die drüben amerikanisiert, na dann gute Nacht, Deutschland!«

»Dafür haben wir im Osten eben vielleicht andere Macken.«

»Also, wissen Sie, Frau Scheinpflug, ich habe neulich einen Abend lang darüber nachgedacht, aber ob Sie's glauben oder nicht, mir is da einfach nischt eingefallen!«

Turbulenzen

Die Beliebtheit der CDU-Regierung hielt bei ihren Wählern nicht lange an. Regierungen sind generell nicht allzu lange beliebt. Weltweit. Das ist ein Naturgesetz.

Schon im März 1991, also genau ein Jahr nach dem umjubelten Sieg, sah ich auf dem Augustusplatz (er hieß nun wieder wie vor dem Krieg, und das metallene Gesicht von Karl Marx am Hauptgebäude der Universität blickte verwundert auf all die Veränderungen in Leipzig) Transparente, die den ersten Mann im Staat vehement attackierten:

Lieber KOHL los,
statt arbeitslos.
Neuwahlen jetzt!

Au weia, das ging ja schnell! Eben noch mit »Hosianna« gewählt, und nun wollte man den großen, kräftigen Mann schon wieder loswerden. Im Mai flogen in Halle gar Eier und Farbbeutel auf Kohl. Und Tomaten! Das wäre in der DDR unmöglich gewesen! Kein Mensch hätte im Mai (!) Tomaten werfen können, weil es da einfach keine gab.

Der Kanzler flippte aus, war nicht mehr Herr seiner selbst, stürmte fäusteschwingend auf die Ruhestörer los. Randale auf beiden Seiten. Sicherheitsbeamte hielten den Schwergewichtigen zurück. Der Saumagen-Esser hatte eine Sauwut. Kohl beschimpfte die Demonstranten als »transportabler Pöbelhaufen, wie man sie im Westen zwischen Hamburg und Bremen auch kennt«.

Ein anderes Transparent vom Augustusplatz jener Tage: Gegen Kahlschlag.

Am 25. März 1991 demonstrierten in Leipzig 80000 Menschen gegen den Abbau von Arbeitsplätzen. Als ein Redner vom Neuen Forum Ende 1989 auf jenem Platz vor den Folgen einer schnellen Vereinigung gewarnt hatte, haben es ihm die Arbeiter nicht geglaubt und riefen ihm zu: »Ihr seid wohl zu faul zum Arbeiten?«

Sie konnten sich noch nicht vorstellen, daß ihre Arbeitskraft nicht mehr gebraucht würde.

Die Russen ziehen ab

1991 begann der Abzug der »Freunde«. Dagegen hatte niemand etwas, ausgenommen vielleicht die ehemaligen Funktionäre der Gesellschaft für Deutsch-Sowjetische Freundschaft, die ihre Posten verloren.

Fast fünf Jahrzehnte war die »Gruppe der sowjetischen Streitkräfte in Deutschland« hier bei uns stationiert gewesen. Wir DDR-Bürger hatten kaum Kontakt zu den ehemaligen Besatzern. Offiziere und ausgewählte Soldaten tauchten höchstens einmal für ein paar Stunden bei einem Freundschaftstreffen in einem sozialistischen Großbetrieb oder in einem Museum auf, sonst waren sie abgeschottet in ihren Kasernen oder auf Übungsplätzen.

Ich sah ab und zu einen sowjetischen Militärangehörigen, wenn ich in Gohlis, in der Otto-Nuschke-Straße, das Magazin aufsuchte. Hinter diesem Begriff verbarg sich ein Lebensmittelladen für die im Viertel wohnenden Offiziere. DDR-Bürger durften dort auch einkaufen, aber nur wenige trauten sich hinein. Wenn ich in der Gegend war, inspizierte ich den Laden in der Hoffnung, ein paar Mangelwaren wie Gewürzgurken, Konfitüre, Konserven, Radeberger Bier oder das wohlschmeckende, kakaogepuderte Trüffelkonfekt aus der UdSSR zu erhaschen.

In Gohlis gab es auch ein Industriewaren-Magazin. In Leipzig ging die Mär um, daß dort ein Ehepaar überglücklich einen attraktiven Teppich erstanden hätte. Doch als sie ihn zu Hause ausrollten, blickte sie in der Mitte – so weit waren sie bei ihrer Besichtigung nicht gekommen – das Porträt von Wladimir Iljitsch Lenin an. Vielleicht sogar von den berühmten Teppichwebern in Kujan-Bulak hineingeknüpft. Die beiden fragten sich mit Lenin »Was tun?« und stellten notgedrungen einen großen Wohnzimmertisch mit einer weit herunterhängenden Tischdecke über den Kopf des Revolutionärs.

Der rote Stern, der im Osten Deutschlands an manchem Gebäude der Sowjetarmee leuchtete, verschwand nun Stück für Stück. Die Truppen hatten auf dem Territorium der DDR 777 Kasernen an 276 Orten belegt, sie besaßen 47 Flug- und Übungsplätze. 330000 Sowjetsoldaten waren in der DDR stationiert, dazu kamen rund 20000 Familienangehörige von Offizieren sowie Zivilangestellte. Das bedeutete, daß etwa eine halbe Million Sowjetbürger die DDR verließen.

1991 begann die größte Truppenverlegung, die es je in Friedenszeiten gegeben hat. Über 4000 Panzer ratterten auf Eisenbahnwaggons durch Polen in die gerade zerfallende Union der Sozialistischen Sowjetrepubliken. Für den Transport wurde auch der Seeweg vom Hafen Mukran aus genutzt. Nahezu 700000 Tonnen Munition waren mit abzutransportieren. Ein Wunder, daß alles so reibungslos vonstatten ging und größere Unfälle nicht zu beklagen waren. Als der letzte Soldat Deutschland verlassen hatte, war der Zweite Weltkrieg endgültig vorbei.

Ein russischer Freund erzählte mir, daß Bekannte von ihm, die einer Hubschrauberstaffel angehörten, in Rußland wegen fehlendem Wohnraum noch ein halbes Jahr in jenem Fluggerät gewohnt hätten.

Nachdem die Russen in die Heimat entschwunden waren, zeigte sich, daß sie reichlich Umweltschäden hinterlassen hatten. Das erhöhte die Kosten der Einheit um einen nicht geringen Betrag.

Aber vorher hatte erst einmal der Abzug gekostet. Staatssekretär Horst Köhler, unser jetziger Bundespräsident, gehörte zu jenen Regierungsvertretern, die mit den Russen über die Milliardenzahlungen der Bundesrepublik verhandelten. Allein 7,8 Milliarden DM sollten in der Sowjetunion zum Bau von 36000 Soldatenwohnungen mit entsprechender Infrastruktur verwendet werden. Deutsche Firmen waren natürlich sehr interessiert, den Siegern des Zweiten Weltkriegs diese Häuser zu bauen. Finnische und türkische Unternehmen boten ihre Dienste jedoch um 100 Millionen DM billiger an … Nach einigem Hin und Her bauten schließlich ostdeutsche Firmen über die Hälfte der Wohnungen. Die konnten am ehesten mit den Finnen und Türken mithalten.

Den Schlußpunkt unter die jahrzehntelange Stationierung setzte ein Festakt auf dem Gendarmenmarkt in Berlin. Russische und deutsche Soldaten traten zum Zapfenstreich an. Auf dem Platz stand nicht mehr Gorbatschow, sondern Jelzin neben Kohl. Auch in Rußland hatte sich inzwischen manches geändert. Beobachter meinten, daß der russische Präsident nicht mehr ganz nüchtern gewesen sein soll. Kein Wunder – bei solch einem Fest!

Eine Ehrenformation der russischen Streitkräfte hatte zum Abschied sogar noch ein Lied eingeübt:

Deutschland, wir reichen dir die Hand
Und kehren zurück ins Vaterland.
Die Heimat ist empfangsbereit,
wir bleiben Freunde allezeit.

So möge es sein.

Im Kaufhaus

Ich gehe nicht gerne in Kaufhäuser. Ich mag den Trubel nicht. Und ich habe das Gefühl, die Verkäuferinnen auf den Etagen werden immer weniger. Die einzige Stelle, die stabil besetzt ist, ist die an der Kasse. Den Kaufhaus-Managern ist es am liebsten, wenn die Ware ohne den Umweg über eine Verkäuferin gleich an der Kasse landet. Das wäre die rechte Gewinnoptimierung. Die Kunden sollen ihre Konfektionsgrößen gefälligst kennen, sich etwas Mühe geben und sich nicht so anstellen.

Höchstens an der Kasse!

Als ich trotz aller Vorbehalte vor kurzem wieder einmal im Kaufhaus stand und meine Blicke schweifen ließ, tönte eine Ansage aus dem Lautsprecher: »307 bitte die Neun, 307 bitte!« Danach eilte eine Verkäuferin über die Etage. Solcherlei verschlüsselte Botschaften lassen hoffen, daß hin und wieder doch Angestellte aus dem Nichts auftauchen, um hilflosen Kunden beizustehen.

Während ich also mit einer Hose in der Hand auf Beratung wartete, traf ich auf einen Bekannten, der sich gerade im Spiegel betrachtete, mit einem Pullover, den er vor sich hielt.

Nachdem er meinen Gruß erwidert hatte, fragte er mich: »Sag mal, ist der zu bunt?«

»Nee, wenn du mich fragst, Siegfried, der macht dich schlank.«

Nicht sehr überzeugt schaute er auf sein Spiegelbild. Er schien überhaupt etwas deprimiert zu sein, und im Gespräch erfuhr ich auch den Grund.

»Ich konnte doch voriges Jahr keinen Urlaub machen, und da ist meine Frau allein gefahren. Aber sie ist nicht allein zurückgekommen. Sie hat einen Wessi kennengelernt und – weg war sie!«

»Sag bloß! Aber du hast mir doch einmal erzählt, daß sie Wessis nicht leiden kann.«

»Bei dem hat sie sich anscheinend überwunden.«

»Hat sie nicht gesagt: ›Ich kann die nicht reden hören.‹«

»Na ja, ob die beiden nun so viel geredet hamm ...«

In dem Moment übertönte eine Band-Ansage unser Gespräch: »Hochzeit machen, das ist wunderschön! Alles für die Braut in der ersten Etage auf unserer Aktionsfläche!« Bei dem Wort »Hochzeit« verfinsterte sich Siegfrieds Miene.

Mir ging nach seinem Bericht ein Gedanke durch den Kopf: »Das Verrückte ist ..., wenn man es sich genau überlegt, bist du eigentlich selbst schuld an dieser Situation.«

Mit Empörung in der Stimme fragt er mich: »Wieso bin ich selbst schuld?«

»Na, wenn du '89 nicht mit zu den Demos gegangen wärst, wo die ganze Sache ins Rutschen gekommen ist, dann hätte sich deine Brigitte auch nicht mit dem Wessi vereinigen können! Du hast damals sozusagen, ohne es natürlich zu ahnen, gegen deine Ehe demonstriert!«

»Ja ... so gesehen ... wenn es die DDR noch gäbe – dann wäre die Brigitte auch noch da.«

»Ach ... nimm's mir nicht übel, Siegfried, mir liegt dein Glück wirklich am Herzen, aber dann ist es *doch besser* ... daß die Brigitte weg ist!«

Eine Anstalt mit besonderen Insassen

Treuhandanstalt ist ein Name, den viele im Osten gar nicht gern hören; die Insassen dieser Anstalt sind aber auch ein Völkchen für sich.

Die Einrichtung hat eine Vorgeschichte. Am 12. Februar 1990 legte die Oppositionsgruppe »Demokratie jetzt« einen Entwurf auf den zentralen Runden Tisch in Berlin: »Vorschlag zur umgehenden Bildung einer ›Treuhandanstalt‹ (Holding) zur Wahrung der Anteilsrechte der Bürger mit DDR-Staatsbürgerschaft am Volkseigentum der DDR«.

Jeder Ostler hätte theoretisch ein Stückchen Volkseigentum beanspruchen können. Der Besitz von Partei und Staat wäre unter uns 16 Millionen aufzuteilen gewesen ...

Erarbeitet worden war diese Vorlage von einer Gruppe unter Führung des Theologen Wolfgang Ullmann, dem Ingenieur Mathias Arzt und dem Physiker Gerd Gebhard.

Am 1. März 1990 beschloß der Ministerrat der DDR die Gründung der »Anstalt zur treuhänderischen Verwaltung des Volkseigentums«: Sie sollte unser aller Eigentum wahren (wenn schon nicht mehren) und im Interesse der Allgemeinheit verwalten. Die Hauptaufgabe dieser ersten Treuhand bestand darin, die Kombinate zu entflechten und die einzelnen Unternehmen in Kapitalgesellschaften umzuwandeln. Ihr Präsident war Peter Moreth (LDPD), Stellvertretender Ministerpräsident zur Zeit der Modrow-Regierung. Das alles liegt ja erst ein paar Jahre zurück, aber mir scheint, ich habe den Namen Moreth noch nie gehört ...

Die Einrichtung der eigentlichen Treuhandanstalt in Berlin wurde noch von der Volkskammer beschlossen: am 17. Juni 1990. Ein gewagtes Datum, schließlich kam es im Jahre 1953 an diesem Tag zum Aufstand in der DDR. Das

Treuhandgesetz zur Privatisierung und Reorganisation der Volkseigenen Betriebe löste zwar keinen Aufstand aus, aber in der Folge zahlreiche Proteste. Millionen von Arbeitsplätzen gingen verloren. Neben vielen unrentablen Betrieben wurden auch unliebsame Konkurrenten »entsorgt«.

Von der Wahrung der »Anteilsrechte am Volkseigentum der DDR« hat man nie mehr etwas gehört. Nach der Wiedervereinigung – ich muß hier einschieben, daß dieses Wort falsch ist, denn die DDR und die BRD hatten sich ja vorher nie vereinigt, es war das erste Mal – also nach der Vereinigung machte ein Wort die Runde, das ich aus den Nachkriegsjahren noch von meinem Vater im Ohr hatte: Abwicklung. Er war damals als Buchhalter an der Abwicklung der alten Konsumgenossenschaft beteiligt gewesen. Nun wurde im Osten eine ganze Volkswirtschaft abgewickelt.

Am 1. Juli 1990 waren der Treuhand etwa 8500 Betriebe unterstellt, in denen mehr als vier Millionen Menschen arbeiteten. Präsident der Treuhand wurde Reiner Gohlke, er war von 1981 bis 1990 schon einmal Präsident – der Deutschen Bundesbahn. Gohlke warf bereits nach fünf Wochen Tätigkeit das Handtuch, wegen Kompetenzgerangels. Sein Nachfolger hieß Detlev Karsten Rohwedder. Der ehemalige Manager eines Stahlkonzerns fiel am 1. April 1991 vermutlich einem RAF-Attentat zum Opfer. Kurz vor Mitternacht hatte er an einem Fenster seines Düsseldorfer Hauses gestanden, als auf ihn geschossen wurde. Der 58jährige war sofort tot. Seine Frau, die ihm zu Hilfe eilte, wurde am Arm getroffen. An seinem Berliner Dienstsitz verfügte Rohwedder über Personenschutz und eine Panzerlimousine. Vor seinem Wohnhaus fuhr die Polizei nur alle paar Stunden Streife. Auch waren in seiner Villa nur die Erdgeschoßfenster mit kugelsicherem Glas ausgestattet. Am Tatort wurde zwar das Bekennerschreiben eines RAF-Kommandos gefunden, doch die Täter sind bis heute nicht bekannt. So gab es immer wieder Spekulationen, wer Rohwedder wohl umgebracht haben könnte.

Mittels der Treuhandanstalt wurde nicht nur treuhänderisch verwaltet, sondern von Mitarbeitern und Nutznießern auch kräftig veruntreut. Bis zum Frühjahr 1992 summierten sich die Betrügereien allein auf zwei Milliarden D-Mark. Es gab Subventionsschwindel, daß einem schwindlig werden konnte, Korruption und schlichtweg Betrug.

Bis Ende 1994 wurde in 937 Fällen ermittelt, in 137 davon gegen die eigenen Beschäftigten, die nicht Treu und Redlichkeit übten, sondern eher nach dem Motto lebten: »Eine Treuhand wäscht die andere«.

Die Gesamtverschuldung dieser Anstalt wurde 1994 auf 260 bis 270 Milliarden DM geschätzt. In demselben Jahr kürte »Forbes« deren Präsidentin Birgit Breuel zur »Managerin des Jahres«.

Ein besonders illustratives Beispiel für die genannten Betrügereien ist der Verkauf des VEB Wärmeanlagen, in dem 1200 Menschen arbeiteten. Dieser Betrieb wurde in Wärmeanlagen Berlin GmbH umbenannt. Dagegen ist erst einmal nichts einzuwenden. Er wurde 1991 von der Treuhand für zwei Millionen DM an das unbekannte Schweizer Unternehmen Chematec verkauft. Später ist der Wert dieses volkseigenen Betriebs auf 70 Millionen DM berichtigt worden. Sie wissen aber bereits: Wer zu spät kommt …

Der Inhaber von Chematec, ein Herr Michael Rottmann, schaffte es Stück für Stück, das Unternehmen in die Insolvenz zu treiben, indem er Grundstücke verkaufte und sich von den Firmenkonten bediente. Die veruntreuten Gelder summierten sich auf stattliche 200 Millionen DM. Nach der Pleite floh Rottmann in die USA. Im September 2000 wurde der Mann aus Oberhausen in London gestellt. Die Welt ist eben klein. Nach einem Vergleich mit der Bundesanstalt für vereinigungsbedingte Sonderausgaben (BvS) wurde festgelegt, daß Rottmann 20 Millionen Euro zurückzahlen muß. Immerhin müßte er – in Euro umgerechnet – noch 80 Millionen gutgemacht haben …

Wie hat er das bloß alles so gedeichselt? Natürlich ist das im Alleingang nicht zu schaffen, aber wer die Helfershelfer waren, ist bis heute ungeklärt.

So sonnt sich an den Stränden dieser Welt so mancher vormalige Habenichts, und er lacht sich ins Fäustchen, weil der Mut von Hunderttausenden ihm über Nacht zu nie geahntem Reichtum verhalf.

Die Verhüllung

Genau 100 Jahre stand er bloß in der Gegend herum.

Dann wurde er für kurze Zeit verhüllt – der Reichstag!

23 Jahre nach der Reichsgründung von 1871 hatten die gewählten Vertreter des deutschen Volkes ein eigenes Haus bekommen. Pompös und monumental. Es gab nur einen Mangel: Man hatte die Arbeitsplätze für die Abgeordneten vergessen! Sie sehen, in Deutschland wurde schon unter dem Kaiser gepfuscht.

Kaiser Wilhelm bezeichnete den Reichstag als »Schwatzbude« – wem käme so eine Formulierung im Zusammenhang mit dem Bundestag in den Sinn? Mir schon. Allerdings würde ich mich damit auf das Niveau unseres letzten Kaisers begeben.

Einen Tag lang schwatzten die Abgeordneten unseres Parlaments allein darüber, ob Christo nun den Reichstag verhängen darf oder nicht! Kohl und Schäuble waren dagegen. Sie meinten, die Würde des Gebäudes würde dadurch angetastet. Und vor allem die des Parlaments.

Dabei wird die Würde des Parlaments vor allem durch unglaubwürdige Politiker angetastet. Sie liefern Stoff für Skandale, nicht die Stoffbahnen des Verhüllers.

Kritischer hätte man die Geldverschwendung diskutieren können!

10 Millionen Mark für 14 Tage! Da hätten sich schon einige Lebensmittel-Pakete für die dritte Welt einpacken lassen. Aber Christo verschwendete keine Steuergelder und er schuf auch Arbeitsplätze! Die 100000 Quadratmeter Stoff wurden von einer ostdeutschen Firma alubeschichtet. Näherinnen aus Taucha bei Leipzig nähten die Stoffbahnen. Selbst bei den safranfarbenen Vinyl-Segeln, die ein

paar Jahre später im New Yorker Central Park zu bewundern sind, haben sie kräftig mit Hand angelegt. Sie sehen: Inzwischen geht sogar in Amerika nichts mehr ohne sächsisches Know-how.

Zurück zum Reichstag, der fast ein halbes Jahrhundert Symbol der deutschen Teilung war. Mit einemmal stiegen ihm 200 Bergsteiger aus den Alpen und dem Elbsandsteingebirge aufs Dach, um dieses geschichtsträchtige Gebäude gemeinsam zu verhüllen!

Der große Verpacker Christo sagte über sein Vorhaben, daß der Reichstag vor 1989 eine Art Mausoleum war, er wolle daraus das Gegenteil machen.

Ich überlegte, wie er das wohl gemeint haben könnte …

Dann fiel mir ein – ganz klar … ein Haus voller Leben! Eben unser Bundestag. Allerdings sind mitunter in einem Mausoleum mehr Menschen anzutreffen als auf den Sitzungen unseres Parlaments.

Als ich das verhüllte Gebäude endlich sah, dachte ich: Vielleicht ist ja wirklich was dran, daß man durch Verhüllung das Gewohnte anders sieht, daß sich dessen wahrer Charakter erst dadurch offenbart!

Eine Erfahrung habe ich jedenfalls wieder bestätigt gefunden: Die Verpackung ist manchmal mehr wert als der Inhalt.

Was braucht der Mensch, um glücklich zu sein?

Es ist eine uralte Frage, mit der sich in einer bekannten Geschichte ein Fischer und seine Frau herumgeschlagen haben. Sie wissen alle, wie die Sache ausgegangen ist. Dem Fischer wäre zu helfen gewesen, wenn ihn in seiner Hütte jener bunte Prospekt erreicht hätte, der mir in den Briefkasten flatterte.

Dort stand dunkelblau auf weiß: »Welche Frau wünscht sich nicht elf Uhren, passend zum jeweiligen Outfit?«

Ich bin natürlich sofort voller Unruhe zu meiner Frau gelaufen, um sie zu fragen: »Wünschst du dir elf Uhren zum jeweiligen Outfit?« Sie sah mich über ihre Lesebrille hinweg an, und ihrem Blick entnahm ich, daß sie vermutete, andauernde Hitze und permanenter Baulärm wären doch nicht spurlos an mir vorübergegangen. Nun mußte ich sie über »The Interchangeable Watch« aufklären, eine Uhr, die sich dank auswechselbarer Farbringe, die mit ein paar Drehungen ab- oder aufgeschraubt werden, spielend jeder Garderobe, Situation oder Laune anpaßt.

Nun geben Sie ruhig zu, daß Sie so etwas schon immer wollten!

Den gelben Ring beispielsweise am Strand in der Sonne, den roten in der Bar ... oder bei der Parteiveranstaltung, den schwarzen im Trauerfall. Und all Ihre Bekannten registrieren neidvoll: »Mensch, die hat schon wieder 'ne neue Uhr!«

Das Emnid-Institut fand bei einer Umfrage nach den Werten der Deutschen heraus, daß an erster Stelle Freundschaft, Familie und Liebe stehen. Am Ende sind wir ganz andere Menschen, als es uns die Werbung einredet? Vielleicht sind uns stumpfe Gläser und porentief rein gewaschene Tischdecken völlig egal?

Na, das wäre ja ein Ding!

80 Prozent der Deutschen, so erfuhren die Umfrager, sind davon überzeugt, daß man sich Glück erarbeiten muß. Aber eine Menge Produzenten versuchen uns nach wie vor einzureden, daß man es bestellen kann.

Krause macht Pause

1993 ging es mit einem Mann steil bergab, der nach dem Ende der DDR zunächst immer höher gestiegen war. Eine Bilderbuchkarriere, aber der Komet verglühte: Günther Krause.

Ein Verkehrsminister, der zuviel verkehrt gemacht hatte.

1953 in Halle geboren, studierte er in Weimar Bauingenieurwesen und Informatik. Seit 1975 engagierte sich Krause in der CDU und war lange Zeit Kreisvorsitzender in Bad Doberan. Wie Sie alle wissen, hatte Helmut Kohl keine Probleme, die der SED brüderlich verbundenen Blockfreunde en bloc in die West-CDU zu übernehmen. Und so kam es zur Freundschaft zwischen Kohl und Krause, der 1990 sogar Delegationsleiter bei den Verhandlungen über den Einigungsvertrag war. Mit Schäuble handelte er den Vertrag aus. 1991 wurde er Bundesverkehrsminister. Die Unionsfreunde in Bad Doberan werden stolz auf ihn gewesen sein.

Bis 1993. Dann trat er vom Posten des Vorsitzenden des CDU-Landesverbandes Mecklenburg-Vorpommern zurück bzw. mußte zurücktreten. Aus gutem Grund.

Was ihm nicht klar war: Karriereleitern haben auf der anderen Seite keine Sprossen.

Nicht nur als Staatssekretär mauschelte er bei der Vergabe von Konzessionen für Autobahnraststätten, auch im Privaten nahm er es nicht allzu genau: Den Lohn für eine Haushaltshilfe ließ er sich mit ABM-Mitteln vom Arbeitsamt bezahlen. Seine Großmannssucht wurde für das Kabinett Kohl zur Belastung, und so wird 1993 schließlich zum Schlußpunkt seiner Karriere: Er erhält die Entlassungsurkunde aus der Hand Richard von Weizsäckers.

1996 versuchte er einen neuen Anlauf als Lokalpolitiker. Krause kandidierte allerdings erfolglos für das Amt des Rostocker Oberbürgermeisters. Die Begeisterung der Wähler für ihn hielt sich nach Krauses Eskapaden deutlich in Grenzen.

Sehr merkwürdig berührt mich eine Information der Internet-Enzyklopädie Wikipedia: »Er wurde am 23. Dezember 2002 vom Landgericht Rostock wegen Untreue, Betrug und Steuerhinterziehung zu einer Haftstrafe von drei Jahren und neun Monaten verurteilt. Dieses Urteil wurde am 7. Juli 2004 vom Bundesgerichtshof aufgehoben.«

O Justitia! Welches Gericht hat denn nun recht?

Vielleicht ist an dem von den Bewohnern der Stadt Halle selbst erfundenen Spruch ja doch etwas dran, jenem: »Hallenser, Halloren, Halunken.«

Worauf sind die Deutschen stolz?

Ein Klischee bedient die Vorstellung, die Deutschen wären vor allem auf ihre Dichter und Denker stolz.

Glauben Sie das etwa?

Was haben wir von unseren großen Dichtern noch im Kopf? Eine Zeile vielleicht, nie im Leben ein ganzes Gedicht! Peinlich, wenn im Ausland in froher Runde ein Volkslied gewünscht wird. Am ehesten klappt es noch mit einem Weihnachtslied. Aber im Hochsommer am Mittelmeerstrand von der »Heiligen Nacht« zu singen, ist eben nicht sehr passend. Und »Es gibt kein Bier auf Hawaii« ist auch nicht direkt deutsches Volksgut.

In Israel habe ich diese Verbundenheit mit deutscher Kultur noch gespürt. Da sprach ein ehemaliger Leipziger unter Palmen den Osterspaziergang weiter, als ich mich schon längst ausgeklinkt hatte.

Die Deutschen und ihre Dichter … Versuchen Sie heute mal, Ihre gerade ererbte Schiller-Gesamtausgabe im Antiquariat loszuwerden. Da heben die gleich die Hände. Um Gottes willen – solche Sachen liegen wie Blei im Regal!

Es ist eine Mär, daß Deutsche auf Heine und Beethoven stolz sind, eher wohl auf ihren Mercedes und ihr Wochenendgrundstück.

Worauf noch?

Die Ostdeutschen waren zumindest auf ihre gewonnene Revolution stolz. Doch wie gewonnen, so zerronnen …

Und nun wurde in Deutschland vor einiger Zeit gar von Leitkultur geredet! Von wegen! Erst mal wieder zurück zur Kultur!

Was müßte man beispielsweise tun, damit nicht mehr der schlechte Geschmack das Fernsehprogramm bestimmt?

Ganz klar: Da wäre der Tod der Quote vonnöten! Doch wer bringt sie um?! Niemand, denn sie hat das ewige Leben, weil sie sich mit der Werbung vermählt hat. Ein unzertrennliches Paar.

Und wer wirbt nicht alles heutzutage!

Unsere Unterhaltungs-Stars grinsen für die Post oder für Bier in die Kamera, Fußballer für Joghurt oder Handys. Und selbst der Literaturpapst wollte sich noch ein Zubrot verdienen und ließ sich mit dem Telefonbuch ablichten.

Nur Schriftsteller tauchen in der Werbung nicht auf. Sie würden auch nicht beachtet werden, weil sie kaum jemand kennt.

Sind wir stolz, Günter Grass, Friedrich Schorlemmer oder Christa Wolf in Deutschland zu haben? Deren Anhänger verlieren sich im Heer von »Big Brother« und »Musikantenstadl«, sie sind mit ihren Ansprüchen schon fast »Ausländer« im Inland.

Worauf sind Deutsche stolz?

Auf Schumi und die Schiffer.

Also auf Schnelligkeit und Schönheit.

Was ist jüdisches Eigentum?

Ich bin irgendwann in den Neunzigern in der Leipziger Volkszeitung auf diesen Begriff gestoßen. Ich las: »Der Jägerhof in der Hainstraße ist ›jüdisches Eigentum‹.«

Gibt es christliches Eigentum? Haben Sie schon mal in der Zeitung gelesen: »Der Barthels Hof ist christliches Eigentum« oder »Der Specks Hof ist moslemisches Eigentum«?

Warum kann in der Zeitung nicht stehen: »Der Jägerhof gehört ehemaligen Leipzigern, die von den Nazis vertrieben wurden«?

Eine andere Frage: Würden Sie es verkraften, neben einem Juden zu wohnen? Nach einer Umfrage in Deutschland könnten es 22 Prozent der Bevölkerung nicht. Über 40 Prozent haben zumindest diffuse Vorurteile.

Allerdings ist die Chance sehr gering, einen jüdischen Nachbarn zu bekommen. In unserem Land leben wenig mehr als 100000 Juden.

Wie viele, schätzen Sie, waren es 1933 beim Machtantritt der Nazis?

In Gesprächen über dieses Thema belaufen sich nach meinen Erfahrungen bei alt und jung die Schätzungen zumeist auf zwei bis zehn Millionen Juden im Deutschen Reich.

Es waren etwas über 500000.

Die Goebbels-Propaganda wirkt tatsächlich noch bis ins neue Jahrtausend.

Der Ausflug

Hildegard Schmalfuß hatte Leipzig seit dem Ende der DDR nicht mehr gesehen. Ihr Mann war nach langer Krankheit im Dezember 1989 gestorben, hatte also das neue Deutschland nicht mehr erlebt.

Heute wollte sie mit dem Bus aus dem kleinen sächsischen Dorf in die nahegelegene Großstadt fahren. Sie fütterte Kaninchen und Hühner, schaute über den Zaun. Die Katze warf auf der benachbarten Wiese eine Maus durch die Luft – sie würde bis zum Abend für sich selbst sorgen müssen.

Hildegard Schmalfuß, Rentnerin, von zierlicher Statur, aber noch immer flink, lief eilig durch das kleine Haus und sah bereits zum zweiten Mal in die selten benutzte Handtasche, ob sie auch wirklich ihren Ausweis eingesteckt hatte. Sorgsam verschloß sie Tür und Gartentor, vergewisserte sich, daß die beiden Türen auch wirklich verschlossen waren. Die Katze sah kurz zu ihr herüber, als sie das Quietschen einer Klinke hörte – sie war immer noch mit der Maus beschäftigt.

Hildegard Schmalfuß lief in Richtung Bushaltestelle, traf dort viel zu zeitig ein. Zwei Dorfbewohner, die kurz nacheinander vorbeikamen, fragten das Übliche: »Du fährst wohl in die Stadt?«

Am Hauptbahnhof stieg sie aus. Im Fernsehen hatte sie seinerzeit die Demonstranten daran vorbeiziehen sehen. Durch den schmutzigen Fußgängertunnel näherte sie sich dem Zentrum. Eine alte Frau verkaufte kleine Blumensträuße. Ein Mann mit einer Pelzmütze spielte in dem zugigen Durchgang Geige. Ein anderer bettelte mit einem Schild, auf dem stand:

Meine familie
nicht essen
Bitte Gabe Dank

Zigeuner, dachte Hildegard Schmalfuß. Sie sind wieder da. In der DDR gab es die nicht mehr. Waren sie so bedürftig? Hatten diese Menschen wirklich Hunger oder bettelten sie um Geld für Schnaps? Sie kramte in der Manteltasche. Ihre Handtasche hätte sie in diesem gräßlichen Tunnel nicht geöffnet, das war ihr zu gefährlich, aber der Busfahrer hatte ihr eine Münze zurückgegeben. Wer arbeitet, soll was kriegen, dachte sie und warf dem Musiker 50 Pfennig in den Geigenkasten.

Dann lief sie schnell weiter, vorbei an einem Vietnamesen, der in einer halb heruntergerollten Plastiktüte zwei Stangen Zigaretten anbot. Als sie oben an der Treppe ankam, blickte sie links zum Interhotel Leipzig, wo die Familie den 60. Geburtstag ihres Mannes gefeiert hatte. Damals ... Aber was war denn das? Dort, wo einst das große Hotel gestanden hatte, gähnte eine Baugrube. Bagger lärmten. Ein Bauarbeiter lief an ihr vorbei. Sie wollte sich vergewissern, daß sie nicht träumte, und fragte: »Sagen Sie bitte, hier stand doch immer das Interhotel Leipzig?!« Der Arbeiter nahm seine Zigarette aus dem Mund, lachte und sagte: »Nicht verstehn!« – »Ich versteh es ja auch nicht«, meinte sie und merkte im selben Moment, daß der Mann Ausländer war und sie wirklich nicht verstand. Ehe sie noch darauf reagieren konnte, war er schon in einem blauen Container verschwunden, der offensichtlich als Büro diente. Sie trat an den Bauzaun und dachte: Wie kann so ein großes Haus einfach verschwinden? Das gibt es doch nur im Krieg. Sie blickte zu jener Stelle, wo sie das frühere Restaurant vermutete, dachte an die Geburtstagsfeier und sah ihren Mann in Schlips und Kragen vor sich. Eine Feier im Interhotel – das war damals was. Ihre Cousine Annemarie hatte seinerzeit zuviel vom Rosenthaler Kadarka getrunken, bekam ihren »Moralischen« und weinte sich über ihren Helmut aus.

Ein alter Mann kam ihr entgegen. »Hier stand doch ein Hotel?« sagte sie, halb fragend, halb feststellend. »Ja«, meinte der, »nach der Wende haben sie es für Millionen saniert und dann abgerissen. So eine Verschwendung! Sollen sie doch erst da Häuser bauen, wo Lücken sind!« Der Mann winkte ab und ging seiner Wege.

Verwirrt bog Hildegard Schmalfuß in die Nikolaistraße ein, sah zur Linken eine Fülle neuer Läden, die aus dem Erdgeschoß eines früher unansehnlichen Hauses strahlten. In der Straße war es richtig hell geworden.

Kurz vor dem Sachsenplatz erschrak sie.

Auf einem Lüftungsgitter lag ein Mann, mit dem Rücken zur Wand. War ihm schlecht? War er gestürzt?

Oder ... sah so ein Obdachloser aus? Sie ging langsam weiter. Es war ein kühler Tag, und sie konnte es nicht fassen, daß ein Mensch auf der Straße lag. Das kannte sie nur aus dem Fernsehen. Vielleicht ist er betrunken? Neben ihm standen zwei Bierdosen und eine kleine Flasche Jägermeister. Diesen Likör hatte ihr Mann an Fest- und Feiertagen auch gern getrunken. Ihre Schwester Gerda, die in Dortmund lebte, hatte ihn immer im Intershop für den Schwager gekauft.

Aber was sollte nun mit diesem Mann hier passieren? Er konnte doch nicht da liegen bleiben! Er schlief sogar! Mitten in der Stadt!

Kümmerte denn das niemanden? Die Leute liefen mit wehenden Mänteln vorbei, kaum jemand blickte zu dem Mann.

Sie stand eine Weile, sah immer wieder zu dem Liegenden, der sich von der Abluft wärmen ließ.

Was sollte sie tun? Schließlich trat sie näher und sagte: »Hallo, Sie.« Keine Reaktion. »Hallo!« Er schlief weiter.

Als sie sich hinunterbeugte, um ihn am Arm zu zupfen, bemerkte sie, daß er etwa so alt war wie ihr Mann damals bei der Geburtstagsfeier. Der Fremde stöhnte im Schlaf und rückte sich auf seiner unbequemen Lagerstatt zurecht. Nun schauten schon Leute zu ihr herüber und sie trat einen Schritt zurück. Sie fror vom Zusehen, wußte keinen Rat, riß sich schließlich von dem Anblick los und überquerte den Sachsenplatz. Um die Ecke stand ein Polizeiwagen.

»Herr Wachtmeister, da vorn liegt ein Mann auf der Straße!«

»Auf dem Gitter?«

»Ja.«

»Der liegt da immer.«

»Sie wissen das?«

»Ja.«

»Und da tun Sie nichts?«

»Nein, jeder kann liegen, wo er will ... wenn er sich nicht gerade auf die Straße legt ...«

»Da greifen Sie nicht ein?«

»Nein.«

»Aber er kann sich erkälten.«

»Sicher.«

»Ja aber ... der will das doch bestimmt nicht! Der ist bestimmt in Not!« Der Polizist zuckte mit den Schultern. »Wir haben doch Obdachlosenheime. Da kann er abends hin.«

»Und am Tag?«

»Kann jeder machen, was er will. Er ist ein freier Mensch.«

Kann jeder machen, was er will! Was war denn das für eine Antwort! Was hat denn das mit Freiheit zu tun, wenn ein Mensch auf der Straße liegt. Sie fühlte sich hilflos. Der Polizist lächelte freundlich.

Grußlos ging sie weg. Sie lief nun schnell, nicht nur, weil ihr fröstelte, sondern weil sie den Ort dieses unglaublichen Geschehens hinter sich lassen wollte. Sie brauchte jetzt zum Aufwärmen eine Tasse Kaffee. Früher war sie immer in der Milchbar neben dem großen Kino eingekehrt. Als sie dort ankam, stand sie vor einem Schuhgeschäft, aus einem anderen Café in einer Passage war ein Reisebüro geworden, ein Imbiß, den sie anschließend aufsuchen wollte, hatte sich in einen Jeansladen verwandelt, aus dem schrille Musik tönte. Die mischte sich mit dem Gekreisch der Bohrer und Sägen einer Baustelle. Es ist alles anders, dachte sie, nichts ist, wie es war. Gott sei Dank, die Thomaskirche stand wenigstens noch am alten Fleck. Den schönen Bau hatte sie im Vorübergehen wahrgenommen. Schließlich fand sie am Naschmarkt einen Platz in einem gut besuchten bunten Lokal mit einem verführerischen Büfett. Der Duft frischgebackener Torten und Kuchen stieg ihr in die Nase.

Die Bilder in ihrem Kopf jagten einander.

Immer wieder sah sie in Gedanken den Mann, der am Brühl auf dem Lüftungsschacht lag. Er hatte kein Dach über dem Kopf. Jedes Tier in ihrem Dorf hatte ein Dach über dem Kopf. Jedes Auto schützte ein Dach.

Den Autos geht es ja besser als diesem Mann, dachte Hildegard Schmalfuß. Das mußte sie alles ihren Kindern erzählen. Und die Sache mit dem Hotel, das sich in Luft aufgelöst hatte – Hunderte von Zimmern! Eins würde schon reichen für jenen Mann.

Als sie nach einigen Besorgungen wieder zum Bahnhof ging, mied sie den Weg über den Sachsenplatz.

Und sie fuhr auch einen Bus früher.

Drüben

Wann werden wir wohl aufhören, von »hüben« und »drüben« zu sprechen? Wann verabschieden wir uns von diesen ewigen Klischees: Die sind so und die sind so. Und dabei sind die doch in Wirklichkeit *so*!

Ich habe mich von solchen Phrasen verabschiedet. Ich habe mich mit vielen vernünftigen und freundlichen Menschen im Westen vereinigt. Und die ich drüben nicht leiden kann, mag ich auch hüben nicht. So einfach ist das.

Aber vermutlich ist das mit den Klischees eben doch ein Generationsproblem. Wer das geteilte Land nicht mehr kennt, wird damit anders umgehen.

Ich war wieder mal drüben. In Bad … na, das tut ja nichts zur Sache.

Wie die Menschen dort leben!

Wie Gott in Deutschland!

Viele haben schöne kleine Häuser oder schöne große Villen und einige sind dabei, in Bälde eins von beiden zu erben. Es fehlt an nichts.

Manche, so mein Eindruck, machen sich Gedanken über die Vergoldung der Türklinken.

Wenn nur die Solidaritätssteuer nicht wäre!

Und sie waren baß erstaunt, als sie erfuhren, daß wir im Osten diese Steuer auch bezahlen.

In diesem Bad Soundso leben die Leute (natürlich nicht alle, das will ich gerechterweise gern einfügen!) so gut, daß ich das Gefühl hatte, denen ist es schnurzpiepegal, ob sie von einem Kaiser oder Kanzler regiert werden.

Auf einer Party lernte ich eine sehr gut aussehende Frau kennen, die, wie so viele, noch nie den Weg in den Osten gefunden hatte, obwohl er längst ausgeschildert ist. Was hielt die attraktive Dame ab, einmal die neuen deutschen Länder zu erkunden?

»Es soll doch dort alles so grau sein.«

Für sie ist der Osten immer noch »Dunkelland«.

Die Klischees sind ins Hirn gefräst. Und deshalb fährt das schöne Kind auch dieses Jahr wieder in den sonnigen Süden. Dabei frage ich mich: Nach so vielen Jahren Toskana und Nirwana, könnte es da nicht langsam auch einmal ins Elbsandsteingebirge gehen ...?

Aber die Felsen werden ihr zu grau sein!

Am Tresen

Im Süden unserer Stadt gibt es eine originelle Kneipe, deren Ausstattung noch aus der Zeit um 1900 stammt. Dort trinke ich auf dem Nachhauseweg mitunter am Tresen ein Bier. Oft sitzen zwei Typen dort, deren Gespräche ich gern verfolge. Sie schwadronieren aber auch in einer Lautstärke, daß sie gar nicht zu überhören sind. Als ich neulich das Lokal betrat, hockten beide wieder am Tresen, und ich hörte den größeren der beiden sagen: »Trinkst du noch ein' mit?«

»Klar.«

Ich nahm nach einem Gruß neben den beiden auf einem Barhocker Platz.

Der Frager rief nun: »Fräulein, hätten Sie noch ma zwei Manhattan? Alles klar.«

Dann wendete er sich wieder seinem Gesprächspartner zu: »Und dann hamm die im Radio gesagt, das Problem in Deutschland sind ähm die viel zu hohen Produktionskosten! Und der Urlaub! Sechs Wochen!«

Verwundert reagierte sein Nebenmann: »Na, was denn, du willst wohl weniger hamm?!«

»Quatsch! Aber im Verhältnis zu den anderen ist es eben zuviel! In Amerika hamm se kaum zwei Wochen. Ein Amerikaner sagte mir, er höre in Deutschland immer drei Wörter: Streß, Stau und Urlaub. Und wenn er sich im Lande umguckt, sieht er, daß die Leute Streß haben, weil sie auf der Fahrt in den Urlaub im Stau stehen!«

»Die Amerikaner, die sollen mal schön ruhig sein ... die haben 210 Millionen Waffen. In Privathand.«

»Was hat denn das damit zu tun?«

»Nischt, aber man wird doch wohl was Kritisches über

die Amis sagen dürfen?! Die wundern sich, daß sie nicht mit ihrer Kriminalität fertig werden – ohne Ausweise, Einwohnermeldeamt und Waffenscheine!«

»Ach, und weil wir das alles haben – deshalb werden wir so gut mit unserer Kriminalität fertig! Aber wirtschaftlich, da können wir uns natürlich einiges von den Amerikanern abgucken!«

»Ach wo, mir müssen so werden wie die Japaner. Die Japaner arbeiten 500 Stunden mehr als die Deutschen! Da gibt es welche, die sind so engagiert, die schlafen gleich am Schreibtisch!«

»Nu, das gibt's in Deutschland ooch!«

»Die sind in Japan im Betrieb wie eine große Familie. Mitarbeiter von Betrieben haben sogar einen Treueschwur und eine Werkshymne. Manche sind mit ihrer Firma so verheiratet, daß sie gleich auf dem Werksgelände heiraten. Ich habe das persönlich erlebt, warum die uns so weit voraus sind. Als ich mit meiner Frau in der Schweiz war, wollten wir eine Burg besichtigen. Ich ging zunächst auf die Toilette. Neben mir stand ein Japaner. Und da sah ich, wie der – während! – den Prospekt über die Geschichte der Burg in Englisch gelesen hat! Als wir dort raus sind, war der mir schon wieder in seinem Wissen voraus. Verstehst du jetzt, was wir machen müssen?«

»Ja, beim Pinkeln schon lesen.«

»Die Japaner leben doch nach dem Motto von dem Konfuzius: Freudige Arbeit ist höchste Erfüllung!«

»Und das findest du nicht übertrieben?«

»Aber das ist doch eine alte deutsche Tugend! Die Japaner sind sozusagen die Preußen von Asien.«

»Als Sachse habe ich auch mit japanischen Preußen nichts am Hute.«

»Jeder Deutsche hat was Preußisches.«

»Ich nich!«

»Du ooch. Das ist doch nischt Schlechtes. Die Preußen waren seinerzeit sehr modern, eben wie die Japaner! Was mir brauchen ist Tradition und Pioniergeist! Oder wie man heute sagt: Innowadschohn, verstehst du? Innowadschohn!«

»Japanisch kannst du auch schon!«

»In jedem Deutschen steckt ein kleiner Japaner!«

»Na, da wird aber meine Geisha Gerda staun', wenn ich den heut mal rauslasse!«

Kaiserwetter

Als ich einige Jahre nach der friedlichen Revolution, nach langersehnten Reisen in die westlichen Länder Europas, zum Einmal-nichts-mehr-sehen-Wollen an die vertraute und geliebte Ostsee fuhr, war ich baß erstaunt, was sich dort inzwischen in aller mecklenburgischen Ruhe getan hatte.

In einem Café auf der schönen Insel Usedom erzählte mir der Inhaber, daß die Wende auch im Denken der nördlichen Menschen umwälzende Veränderungen gebracht hatte. Er berichtete zum Beispiel, daß Leute, die zu DDR-Zeiten am sowjetischen Ehrenmal mit gesenkten Köpfen Kränze niedergelegt hatten, jene geflochtenen Blumenräder nun am Volkstrauertag zum Denkmal für die Gefallenen von 1914 bis 1918 schleppten.

Die hatten die kaiserlichen Soldaten glatt 40 Jahre lang vergessen!

Aber der hohe Norden Deutschlands hat in Sachen Kaiserreich noch mehr zu bieten: Längst gibt es beispielsweise in Heringsdorf wieder ein Hotel Kaiser Wilhelm. Drinnen sehen Sie an der Wand Fotos des bärtigen Potentaten, des stolzen Kaiserpaares und natürlich des schönen Schlosses in Berlin.

In einem ehemaligen Kino wurden die häßlichen DDR-Verkleidungen entfernt und dadurch kam die noch erhaltene Innenarchitektur der Jahrhundertwende zum Vorschein. Solch Fund ist natürlich ein Glücksfall. Emsig recherchierten Heimatdetektive, und siehe da, der Glücksfall trieb ins Unermeßliche: Seine Majestät hatten geruht, einst in dem pavillonähnlichen Gebäude zu verweilen.

Diese Freude!

Und so heißt das Restaurant heute logischerweise »Des Kaiser's Pavillon«.

Auf der neuen Seebrücke in Heringsdorf entdeckte ich auf der Spitze eines Gebäudes sogar eine kleine schwarz-weiß-rote Fahne.

Und das nach vier Jahrzehnten Hammer, Zirkel und Ährenkranz! Aber kein Wunder, schließlich befinden wir uns im Kaiserbad Heringsdorf ... unweit des Kaiserbades Swinemünde – aber: Ich will nicht vorgreifen ...!

Die Werbeidee mit den Kaiserbädern, so erzählte mir der Kaffeehausbesitzer, soll blitzschnell einem Genossen aus der Region eingefallen sein, der bereits im Dezember 1989 aus der SED ausgetreten ist! Der Mann hatte Mut!

Auf der Rückfahrt von der Ostsee interessierte mich in einer Anklamer Fleischerei eine Wurst, und ich erkundigte mich nach deren Namen. Ich erfuhr von der Verkäuferin, daß es sich um – Sie ahnen es?! – Kaiserwurst handelte. Ehrfurchtsvoll trug ich sie bei echtem Kaiserwetter ins Auto.

Also, ganz ehrlich, wenn ich in Deutschland Kanzler wäre, würde ich auf der Hut sein. Ich würde mich nicht von rot-roten Konstellationen darüber hinwegtäuschen lassen, daß man im Norden relativ öffentlich die Rückkehr zur Monarchie vorbereitet.

Bei den Arbeitslosenzahlen auch kein Wunder.

Das gab's unterm Kaiser nicht!

E. H.

Mit diesen beiden Initialen signierte Erich Honecker Schriftstücke, auf denen er beispielsweise eine Genehmigung erteilte. »Einverstanden E. H.« Die knappe Formulierung konnte für einen prominenten Künstler der DDR die Ausreise in den Westen bedeuten. Für den von der Parteiführung Unverstandenen leitete das »Einverstanden« von E. H. dann einen neuen Lebensabschnitt ein.

Dem Kabarett »academixer« bescherte Erich Honecker die erste Gastspielreise nach dem Westen. Nicht, daß er sich für uns als Agent betätigt hätte, aber im Jahr 1987 besuchte der gebürtige Saarländer zum ersten Mal die Bundesrepublik. Der Generalsekretär und der Bundeskanzler liefen gemeinsam über den Teppich, unter den in beiden deutschen Staaten immer so viel gekehrt wurde. Um diesen Staatsbesuch würdig vorzubereiten, kam es zu Überraschungen, wurde Unmögliches möglich und unser Kabarett auserkoren, im Saarland den Boden etwas zu lockern. Die »academixer« durften eine knappe Woche, bevor E. H. von seiner Margot die Koffer für die Westreise gepackt bekam, zu Kleinkunst-Tagen nach St. Ingbert fahren. Wir stellten erstaunt fest: Reisegenehmigungen konnten in der DDR mitunter sogar erteilt werden, ohne daß der Reisende um seine Pläne wußte.

Wir leisteten uns natürlich dann vor Ort den Spaß und ließen uns von einem SPD-Mann, der mit der Organisation des Festivals »St. Ingberter Pfanne« zu tun hatte, das Geburtshaus von Erich Honecker zeigen. Darin (oder war es das Nachbarhaus?) befand sich eine Kneipe, die nach meiner Erinnerung »Zum letzten Strohhalm« hieß und die man wegen des bevorstehenden Besuchs extra umbenannt hatte. Der neue Name ist mir leider entfallen. »Zum ersten Strohhalm« wäre ja auch nicht schlecht gewesen!

Die Kabarett-Vorstellung kam beim Publikum sehr gut an, und die Presse regte sich – mit Recht! – darüber auf, daß jegliche Funk- oder Fernsehmitschnitte verboten wurden. Uns war das natürlich klar, hätte die Aufzeichnung doch bedeutet, daß die Zuschauer im Osten plötzlich DDR-Kabarett im Westfernsehen hätten sehen können, was ihnen im Ostfernsehen verwehrt blieb!

Am meisten amüsierte die Journalisten, daß unsere Truppe von einem Mann begleitet wurde, der in Berlin in der Künstlerentsendungsabteilung der DDR wirkte. Der machte dem konfusen Namen dieser Institution alle Ehre, war keine Leuchte und ist mir vor allem in Erinnerung geblieben, weil er dem Genuß von Kognak gegenüber sehr aufgeschlossen war.

Zurück zu E. H.: Meiner Ansicht nach ist Honecker entscheidend daran schuld, daß sich die Sympathie für Lafontaine im Osten Deutschlands in Grenzen hält. Die offensichtliche Zurückhaltung hat einfach in der Erfahrung mit dem einen Saarländer seinen Grund. Selbst der Klang von Lafontaines Stimme erinnert einen fatal an E. H. ... und wer will daran schon erinnert werden?

Das Saarland war früher keine reiche Gegend. Und wo viel Armut ist, gibt es auch viel Hoffnung auf ein neues Morgen, das hätte womöglich Sozialismus heißen können. Vielleicht entstanden so die Ideale von Honecker und Lafontaine. Woanders ist es wiederum der Katholizismus, der Hoffnung weckt, wie wir aus vielen armen Ländern der Welt wissen. Letztlich liegt das Heil im Versprechen.

(Mit dem Unterschied, daß beim Sozialismus nichts auf das Jenseits geschoben werden kann ... Deswegen scheitern Sozialisten auch öfters.)

Aber ich war mit meinem Bericht über E. H. noch nicht am Ende. In Neunkirchen ist er 1912 geboren. Dachdecker von Beruf, doch er hatte längst keine Berufsehre mehr im

Leib, sonst hätte ihn der Zustand der DDR-Dächer jammern müssen. 1935 wurde er als Kommunist verhaftet und zu zehn Jahren Zuchthaus verurteilt. Bis 1945 saß er für seine Überzeugung im Zuchthaus Brandenburg-Görden.

Diese Erfahrung hat ihn allerdings nicht abgehalten, dafür zu sorgen, daß auch unter seiner Herrschaft Menschen mit einer anderen Überzeugung ins Gefängnis kamen.

1973 erhob er sich sogar gegen seinen Gesinnungsgenossen Ulbricht, entmachtete ihn und wurde der neue Generalsekretär – bis zum Leipziger Herbst.

Am 16. Oktober 1989 demonstrierten 150000 Menschen auf dem Ring. Am 17. Oktober trat das Politbüro zusammen und am 18. Honecker zurück.

Hier muß ich etwas einschieben: Eine große bundesdeutsche Zeitung ereiferte sich ein Jahr später darüber, daß wir in Leipzig immer noch eine Straße des 18. Oktober hätten, weil der Redaktion unbekannt war, daß es sich bei diesem Datum nicht, wie vermutet, um die Oktoberrevolution handelt, sondern um den Tag der Völkerschlacht im Jahre 1813!

Zurück zu E. H.: Am 8. November 1989 leitete der Generalstaatsanwalt ein Ermittlungsverfahren wegen Amtsmißbrauchs und Korruption gegen ihn ein. Da wird sich der Eben-noch-Generalsekretär über den Generalstaatsanwalt, den er ja bestimmt von Empfängen her kannte, sehr gewundert haben. Die Verwunderung erreichte ihren Höhepunkt, als E. H. einen Monat später aus der SED ausgeschlossen wurde. Aus der Partei, deren Chef er eben noch gewesen war!

Im Januar 1990 kam E. H. sogar für zwei Tage in Untersuchungshaft. In eins seiner eigenen Gefängnisse! Er wurde aber wegen Haftunfähigkeit entlassen. Dann begann eine Odyssee. Sie wissen alle, was das ist, aber zur Erinnerung möchte ich das Lexikon zitieren, um zu beschreiben, wie genau das auf E. H. zutraf. Eine Odyssee ist »eine Irrfahrt, von unvorhergesehenen Ereignissen und Widrigkeiten begleitetes Unterfangen«.

E. H.s Tour begann für uns alle mit einer großen Überraschung. Der Heimatlose wurde zunächst in einem barmherzigen Akt von einem Pfarrer in Lobethal aufgenommen.

Ausgerechnet! Mehr Barmherzigkeit geht nicht! Liebet eure Feinde in Aktion. Ob er beim Tischgebet die Hände gefaltet hielt?

Im April kam er in ein sowjetisches Militärhospital nach Beelitz, im November wieder ein Haftbefehl, im März Flucht nach Moskau. Im November 1991 wurde er von der russischen Regierung ausgewiesen! Die unverbrüchliche Freundschaft war zerbrochen.

Im Dezember floh er in die chilenische Botschaft in Moskau, im Juli 1992 schließlich Rückführung nach Berlin, er stellte sich den Behörden, kam in Untersuchungshaft nach Berlin-Moabit, Prozeß, schließlich Aufhebung des Haftbefehls wegen seiner Krebserkrankung, und 1993 konnte er zur Familie nach Santiago de Chile ausreisen, wo er 1994 starb.

Daß sich eines Tages sein Landsmann, der ehemalige Vorsitzende der SPD, Oskar Lafontaine, und das ehemalige SED-Mitglied Gregor Gysi für die Linkspartei zusammen zur Wahl stellen würden – nicht im Traum hätte E. H. daran gedacht.

Aber O. L. hat es eben aus den erwähnten Gründen im Osten sehr schwer …

Wo bleiben die Deutschen?

Ja, wo bleiben sie denn?!

Ich sag's Ihnen: Weg! Sie bleiben einfach weg!

Und warum?

Weil sie nicht in genügender Zahl geboren werden! So einfach ist das, obwohl das alles nicht so einfach ist.

Was wird aus unserem Lebensbaum – der berühmten deutschen Eiche? Er treibt nicht mehr genügend aus. Früher trieb und trieb er, dann ließ der Trieb aus unterschiedlichsten Gründen nach, außerdem wurde auch noch abgetrieben, und nun treibt der Baum bescheiden vor sich hin – zu spärlich, wie sich zeigt. Unsere Zukunft ist in Gefahr. Es kommen nicht genügend neue Deutsche auf die Welt. Der Markt wird nicht gesättigt, obwohl alle satt werden würden.

Es ist schon kurios, daß mehr Kinder das düstere Licht der Diktatur im Osten erblickten als nun die gleißende Sonne der Demokratie. Und es sollen sogar während der Weltkriege in Deutschland mehr Kinder geboren worden sein als in heutigen Friedenszeiten.

Woran kann das liegen?

Klar ist: Nur die Vergangenheit haben wir sicher, die Gegenwart wackelt und der Zukunft traut man nicht mehr. Steigt die Verunsicherung, sinkt die Geburtenzahl.

Und für die Verunsicherung wird ja täglich allerhand getan.

Dazu die Welle der Single-Bewegung. Eine überzeugte Single-Frau kommt zwar selten wirklich allein daher, aber sie will kurzzeitige Zweisamkeit und kein Kindergeschrei. Karriereleitern haben auf ihren schmalen Stufen keinen Platz für Babywiegen.

Die Statistiker, die bestimmt nicht viel zur Verbesserung

dieser Lage beitragen, bemerken in ihrer dafür bekannten trockenen Art, daß jede Frau 2,1 Kinder zur Welt bringen müßte, will man den dramatischen Rückgang der deutschen Bevölkerung stoppen.

Komma 1!

So einen Blödsinn kann auch wirklich nur ein Statistiker verzapfen! Bildhafter ist da schon die Information, daß heutzutage lediglich pro 1000 Frauen 1400 Kinder geboren werden.

Wo bleiben die deutschen Babys?

Das Haus in Leipzig, in dem ich wohne, ist im Vergleich einsame Spitze. Bei uns krähen vier dieser schönsten aller Lebewesen in den Tag? Warum? Tja, den Menschen geht es durch die Bank, manchmal wirklich deswegen, finanziell sehr gut. Die Bewohner können sich also nicht nur eine große Wohnung, ein schönes Auto und eine weite Urlaubsreise, sondern auch noch ein niedliches Baby leisten.

Und die anderen?

Wo bleiben die Kinder der Arbeitslosen-, ABM- und Umschulungsmütter?

Na, da braucht man doch wohl nicht zu fragen, warum die ihre Familie im Moment nicht vergrößern wollen. Und: Solange Kinderreichtum in unserem Land das Armutsrisiko erhöht, wird der gewünschte Segen leider noch für lange Zeit ausbleiben.

Kinder bekommen und aufziehen muß belohnt werden.

Eltern haben ein Recht, Großeltern zu werden!

Mehr Großmütter und Großväter in Deutschland! Meine Frau und ich sind schon Oma und Opa. Wir haben Glück. Uns geht es gut.

Wie entwickelt sich das alles weiter, wenn das alles so weitergeht?

2050, wenn ich also gerade mal 106 Jahre alt bin und der Oberbürgermeister mir einen bunten Blumenstrauß in die zittrigen Hände drückt, da werden von den 82 Millionen Deutschen nur noch 65 Millionen übriggeblieben sein.

Dann hat Deutschland 17 Millionen verloren! Und die größte Bevölkerungsgruppe sind dann wir, die Alten!

Können Sie sich vorstellen, was uns für Politiker blühen?

Da waren die sozialistischen Politbüro-Greise junge Spunde dagegen. Im Bundestag hat dann kein Alterspräsident unter 100 Jahren mehr eine Chance!

Und wie reagieren die Jungen auf diesen Tatbestand, also jene Deutschen, die uns einst ernähren müssen? Die haben, da können Sie sicher sein, täglich eine Sauwut auf uns und würden uns Alte am liebsten im Park vergiften! Aber das ist keine Lösung, denn wir altern immer wieder nach.

Die meisten Schulen werden deshalb wohl in naher Zukunft zu Seniorenheimen umgerüstet. Ostdeutschland wird überhaupt ein riesiges Altersheim, da die Jugend – wie Sie wissen – längst wegen fehlender Arbeit gen Westen geht.

Profitieren werden von dieser Entwicklung des totalen Alterns nur die Pharmakonzerne und die Apotheken, denn die Kranken können 30, 40 Jahre länger Tabletten verbrauchen. Außerdem wird es beizeiten prophylaktisch Hormone zum Fitmachen gegen alle Altersgebrechen geben, und damit eröffnet sich die lukrative Chance, Medikamente auch an Gesunde zu verkaufen!

Schon prophezeit ein amerikanischer Wissenschaftler (aus welch anderem Land soll er auch sonst kommen ...), daß wir mit der Entschlüsselung des Altersgens quasi in 50 Jahren die biologische Unsterblichkeit des Menschen erreichen könnten.

Also, ich kann nur sagen ... Komme, was da wolle, aber wenigstens der Tod muß uns erhalten bleiben!

Am Wasser

Auf einem Spaziergang bemerkte ich einen Angler und einen … Wie nennt man einen Menschen, der beim Angeln zusieht? Beim Schach oder Skat nennt man so einen Typ »Kiebitz«. Also: Der Angler saß jedenfalls auf einem Hokker, und der »Fisch-Kiebitz« hatte eine Hundeleine in der Hand. Nach einer Weile schauten die beiden einander an und nickten. Als ich mich ihnen näherte, hörte ich den Angler den neben ihm Stehenden fragen: »Na, wo ist denn der Hund?«

»Welcher Hund?«

»Na, der da zu der Leine gehört.«

»Dazu gehört kein Hund.«

Kein Hund? Der Zweck der Leine interessierte mich. Nun wurde ich zum Kiebitz der beiden Männer.

»Dazu gehört kein Hund?«

»Nein. Ich kann Hunde nicht ausstehen.«

»Warum?«

»Die riechen.«

»Die riechen?«

»Alle Hunde riechen. Wenn Sie in eine Wohnung mit Hund kommen, riecht es in der Wohnung nach Hund.«

»Wollen Sie damit sagen, daß Sie mit einer Hundeleine ohne Hund spazierengehen?«

»Ja.«

»Und warum?«

»Das macht Eindruck.«

Nun war der Angler sehr erstaunt. »Eine Hundeleine macht Eindruck?«

»Zweifellos. Sie wissen doch, was heutzutage los ist! Überall werden die Menschen überfallen.« Nun schwang er die

Leine durch die Luft. »Ratzbatz kriegen Sie eins über die Rübe. Schon am hellerlichten Tag! Wenn mich dagegen so ein Gangster mit der Hundeleine kommen sieht, sagt er sich, wo eine Leine ist, kann der Hund nicht weit sein, und läßt mich in Ruhe.«

»Tolle Idee.«

»Finde ich auch.«

Die beiden schwiegen wieder eine Weile. Schließlich fragte der Hundeleinentrickser: »Angeln Sie gern?«

»Nein. Ich esse gar keinen Fisch. Ich bin Vegetarier.«

»Und warum angeln Sie trotzdem?«

»Ich sitze nun mal gern stundenlang am Fluß, schaue aufs Wasser und denke nach.«

»Aha. Und worüber denken Sie nach?«

»Zum Beispiel ... über psychische Aspekte des Transformationsprozesses in postkommunistischen Gesellschaften.«

»Donnerwetter ...!« Nun scherzte der Hundeleinenbesitzer: »Was hat denn die Post damit zu tun?«

»Sie wissen, ›post‹ heißt ›nach‹.«

»Ich weiß«, und nun trieb er den Scherz weiter, »das Postamt müßte ja eigentlich Nachamt heißen.«

Der Angler lächelte.

»Und was denken Sie nun in diesem Zusammenhang?«

»Na ja, wir befinden uns in der neuen Zeit zwischen Sein und Haben.«

»Der Marx hat doch immer gesagt: Das Sein bestimmt das Bewußtsein. Und da hat der Mann sehr recht. Ich habe kein Problem mit der neuen Zeit. Man muß die Zeiten eben nehmen, wie die Zeiten eben sind.«

»Na ja, aber man hat doch auch eine Überzeugung!«

»Überzeugung? Wer an der Macht ist, überzeugt mich von vornherein. Anpassen ist wichtig! Anpassen! Das lehrt uns schon«, und er zeigte ins Grün und auf das Wasser, »die Natur. Warum ist denn der Frosch grün?«

»Was?«

»Warum der Frosch grün aussieht?!«

»Na ja, klar, weil …«

»Glauben Sie, es gäbe noch Frösche, wenn die rot aus dem Gras leuchten würden?«

»Wenn ich Sie richtig verstehe, schlagen Sie vor, die jeweils herrschende Farbe anzunehmen!«

»Sicher doch. Alles andere ist Selbstmord auf Raten. Na, worauf wollen Sie denn jetzt noch warten? Auf eine neue, schönere Gesellschaft? Da ist Ihr Leben vorbei! … Es kommt nu nischt mehr!«

»Nein, nein, da bin ich ganz anderer Ansicht, das System hier, das kann's noch nicht gewesen sein!«

»Nun hören Sie doch mal mit Ihren Träumen auf, und denken Sie ein kleines bißchen praktisch. Sonst kriegen Sie früher oder später …«, und dabei wedelte er mit seiner Hundeleine, »eins über die Rübe!«

Den Schalck im Nacken

Alexander Schalck-Golodkowski war bekanntlich ein Topmann des Ministeriums für Staatssicherheit. Er wurde in der DDR mit 22 Orden geehrt. (Kohl erhielt im Jahr 1996 übrigens seine 22. Ehrendoktorwürde. Zwar hat das eine mit dem anderen nichts zu tun, aber ich fand die Zahlengleichheit putzig. Den 22. Doktorhut verlieh ihm die Universität Manila. Daß die da hinten bzw. unten überhaupt wußten, was der Kohl alles so geleistet hat, hätte ich gar nicht gedacht – Respekt! Doch zurück zum Thema ...)

Schalck-Golodkowski leitete seit 1967 im Außenhandelsministerium der DDR eine Abteilung mit dem schönen Namen »Kommerzielle Koordinierung«.

Kommerziell bedeutet bekanntlich »auf Wirtschaft und Handel beruhend« oder »dem Profitprinzip untergeordnet«. Von »Profit« direkt zu reden, das geziemte sich nicht für Kommunisten. Das war Kapitalisten-Jargon. Unsere Genossen haben sich immer etwas geziert, solch ein Wort in den Mund zu nehmen. Die sprachen ja selbst einen Begriff wie Gewinn sehr leise aus. (Und hatten auch allen Grund dazu.)

»Kommerziell« tarnte das Anliegen bestens. »Koordinierung« heißt soviel wie Zuordnung bzw. in ein Gefüge einbauen. In Wirklichkeit verbarg sich dahinter nichts anderes, als alle Möglichkeiten (illegale eingeschlossen) auszuschöpfen, um an westliche Devisen heranzukommen und die in das Gefüge der DDR einzubauen.

Ein bedeutender Mann aus Bayern, Franz Josef Strauß, half unserem Stasi-Offizier dabei, wo er konnte. Deshalb pflegt der Schalck auch sein Andenken, zog nach der Revolution aus Dankbarkeit sofort in den Freistaat und arbeitete als Unternehmensberater. Dort am Tegernsee koordinierte er dann neuerlich nach Herzenslust.

Ehe er wieder richtig loslegen konnte, waren allerdings ein paar Startschwierigkeiten zu meistern gewesen. 1996 hatte das Landgericht Berlin den einstigen Devisenbeschaffer der DDR wegen illegaler Waffengeschäfte zu einem Jahr Freiheitsstrafe auf Bewährung verurteilt. Aber am Tegernsee, da kann man sich bekanntlich sehr gut in würziger Luft bewähren.

In dem Verfahren ging es übrigens um 246 Nachtsichtgeräte und 69 Schußwaffen, die er zwischen 1986 und 1989 unter Umgehung des westdeutschen Zolls aus der BRD beschafft hatte. Mit diesem Deal verstieß Schalck gegen das 1949 erlassene Gesetz Nr. 53 der Alliierten Militärregierung. Er hatte wahrscheinlich gar nicht mehr damit gerechnet, daß so ein altes Gesetz noch galt.

Handelspech.

Ich frage mich ... wie gesagt, das eine hat mit dem anderen überhaupt nichts zu tun ... aber mal angenommen: der Kohl hätte in der DDR gelebt ... daß der Mann dichthalten kann wie Schalck-Golodkowski, das wissen wir ja seit der Spendenaffäre. Also, nur mal so eine Überlegung – ob das wohl ein Beruf gewesen wäre, der ihm gefallen hätte? Einfach so ein bißchen da und dort kommerziell koordinieren ... Wir werden es nie erfahren.

Der Eurofighter

Im Jahre 1997 wird das teuerste Rüstungsprojekt in der Geschichte der Bundesrepublik verabschiedet: 23 Milliarden D-Mark für ein neues Jagdflugzeug namens Eurofighter. Mit diesem Flugzeug sollen die F-4 Phantom, die von der DDR-Luftwaffe übernommenen MiG 29 und 40 Kampfflugzeuge vom Typ Tornado ersetzt werden.

Erinnern Sie sich noch? Es gab mal einen Jäger mit dem schönen Namen Starfighter. Der machte allerdings seinem Namen gar keine Ehre. Die meisten dieser Wolkenstürmer fanden sich nach und nach unfreiwillig auf Erden wieder. Damals kursierte im Westen die Frage: Wie komme ich zu einem Starfighter?

Antwort: Ein Grundstück kaufen und warten.

Der Starfighter wurde von der Luftwaffe ab 1991 nicht mehr geflogen, nach ihm kamen die Kampfflugzeuge vom Typ Phantom und Tornado zum Einsatz.

Nun also der Eurofighter.

Bis zum Jahre 2012 werden etappenweise 180 Stück gekauft. Für jedes Flugzeug wird ein »Systempreis« von 125,4 Millionen D-Mark fällig. Warum man den Preis so nennt? Vermutlich, weil die Sache System hat.

Der Bundestag billigte die Anschaffung gegen die Stimmen der Opposition. Nun stellen Sie sich mal vor, in jenem Jahr wäre die Opposition an der Macht gewesen!

Was hätte das bedeutet?

Wir wären heute der Gefahr aus der Luft nahezu schutzlos ausgeliefert!

Und wir wüßten nicht, wohin mit den Millionen!

Löcher

Nur in den Straßen sind sie seltener geworden, die Löcher, aber sonst: in den Zähnen tauchen sie ständig auf, das riesige Ozonloch heizt unseren Planeten auf, ganz draußen im Weltraum sind sie schwarz und riesig und ziehen Masse an. Und auch im deutschen Haushalt klaffen die Löcher schwarz und riesig in Massen.

Wie soll man die kraterartigen Öffnungen stopfen?

Wie kommt man ans große Geld, wo liegt es herum?

Ich kann es Ihnen sagen: Es liegt auf der Straße! Genauer: unter den Fenstern der Ministerien und der Rathäuser.

Die neue Regierung braucht kein neues Steuerkonzept zur Finanzierung ihrer Pläne. Sie benötigt nur jede Menge blauer Müllsäcke, und ABM-Kräfte könnten deutschlandweit statt Laub haufenweise bunte raschelnde Geldscheine einschaufeln.

Wollen Sie wissen, wieviel Geld durchschnittlich durchs Fenster flattert? Sie sitzen? Gut, ich sage es Ihnen. Sie müssen jetzt sehr stark sein!

Folgende Überlegung dazu vorab: Die öffentlichen Ausgaben in unserem Land belaufen sich auf über 500 Milliarden Euro. Die Rechnungsprüfer der Republik bestätigen auch, daß 95 Prozent aller Einnahmen entsprechend verwendet werden. Das beruhigt einen erst mal.

»Nur« bei fünf Prozent passiert das nicht.

Fünf Prozent, das ist normalerweise nicht viel ... also zum Beispiel fünf Prozent von den Einnahmen eines Arbeitslosen oder von Ihrem Gehalt. (Wobei ich nicht genau weiß, was Sie verdienen. Man spricht ja heute nicht mehr darüber.) Aber in unserem Fall sind fünf Prozent etwa

25 Milliarden Euro! Milliarden!!! Damit ist mehr als eine Steuerreform zu finanzieren! Das ist ein Viertel jenes Betrages, der an Lohn- und Einkommenssteuer ins Staatssäckel fließt und wieder herausfliegt.

Wie muß also die Losung (um ein altmodisches Wort zu gebrauchen) der Regierung heißen?

Sie muß lauten: Wir bringen die Steuerverschwendung auf Null!

Bei so viel Verschwendung werden Sie sich vielleicht in naiver Weise fragen: Hat so etwas keine Konsequenzen?

Nun, bei der Finanzkontrolle im Parlament geht es etwas kurios zu. Der Rechnungsprüfungsausschuß im Bundestag ist ein Unterausschuß des Haushaltsausschusses. (Viel Ausschuß auf einmal, was?!) Und der kann nur tagen, wenn der Haushaltsausschuß nicht tagt. Und letzterer tagt oft und deswegen tagt der andere so selten. Alles klar?

Im normalen Leben werden Menschen, die Geld ausgeben, das ihnen nicht gehört, zur Verantwortung gezogen.

Aber eben nur im normalen Leben.

Die Geldkarte

Eines Tages stand ich in der Sparkasse, hielt den entsprechend respektablen Abstand zu meinem Vordermann und wartete darauf, daß er am Geldautomaten seine Scheine zog. Da vorn ging es aber nicht vorwärts. Plötzlich drehte sich der Mann um, kam mir ein paar Schritte entgegen und fragte verlegen: »Sie werden entschuldigen, in welchem Jahr wurde Goethe geboren?«

»Bitte?«

»Goethe. Ich hab mir sein Geburtsjahr als Eselsbrücke für meine Geheimzahl gemerkt ... und jetzt fällt es mir nicht ein ...«

»Goethe? Warten Sie mal ... so aus der kalten ... Goethes Geburtsjahr ... das müßte ...«

»Also, das ist mir noch nie passiert ... wenn das meine Schüler wüßten!«

»Ich denke ... irgendwann siebzehnhundert und Äppelstückchen!«

»Genau, aber die Äppelstückchen brauch ich gerade, um an mein Geld zu kommen ...«

»Siebzehnhundert ... neunundfünfzig?«

Der Mann ging zum Automaten, tippte die Zahl ein, kam aber unverrichteter Dinge zu mir zurück.

»Nein, es stimmt nicht.«

Mir war es jetzt auch peinlich, daß ich nicht sofort mit diesem Datum dienen konnte. »Vielleicht weiß es jemand von der Sparkasse ...«

»Also, das kann ich mir nicht vorstellen ...«

»Oder von den Leuten da am Kontoauszugsdrucker ...« Dem Mann war die Sache augenscheinlich fatal und ich wollte ihm gern helfen. Deshalb sprach ich eine intelligent wirkende Frau um die Fünfzig an. »Sie entschuldigen, können Sie mir sagen, wann Goethe geboren wurde?« Die Frau sah mich zwar etwas verwundert an, aber antwortete wie aus der Pistole geschossen: »1749!«

»Na klar, vielen Dank!«

Der Mann hatte es mitgehört. »49! Richtig. Wie das Gründungsjahr der DDR!«

»Vielleicht sollten Sie als Eselsbrücke lieber dieses Jahr nehmen! Das haben wir ja oft genug gehört! Und 17 ... da nehmen Sie den Schlager ›Mit 17 fängt das Leben erst an‹!«

»Nicht schlecht, Ihre Idee!«

Nach kurzer Zeit kam er lächelnd mit den Geldscheinen zurück.

»Nein so was, jetzt hätte ich beinahe nichts bekommen. Aber ansonsten ist das mit der Geldkarte natürlich eine tolle Sache! Diese Beweglichkeit! In ganz Europa kann man Geld ziehen. Meine Frau hat sogar in San Francisco mitten in der Stadt Dollar gezogen! In Amerika! Verrückt, was?! Andererseits: Dadurch wußten natürlich die Kartenfritzen in Deutschland: Pätzolds sind in San Francisco. Die Sparkasse, mein Herr, die weiß heutzutage mehr, als die Stasi jemals geahnt hat! Alle Banken wissen inzwischen alles über die Menschen. Die haben Informationen, die Rückschlüsse auf das Familieneinkommen zulassen, Details des Lebensstils, Fahrgewohnheiten, wie oft sie auswärts essen, wo und wieviel Sie Wein kaufen. Wo Sie Urlaub machen. Mit den Kreditkarten füttern wir die Datenbanken der Geschäfte und Kaufhäuser mit unseren Gewohnheiten und Vorlieben. Die Sparkasse ist über jedes Restaurant informiert, in dem ich in Wien war. Aha, im Hotel Tirolerhof ist der Pätzold abgestiegen. Im Café Central hatte er eine größere Rechnung zu bezahlen, da war er nicht allein ..., aber in dieser Zeit hat seine Frau bei Peek & Cloppenburg einen Pullover gekauft. Mit wem war er in Wien unterwegs? – Das habe ich Ihnen jetzt nur mal als Beispiel erzählt! Die Bank weiß sofort, wenn Sie aus der Partei oder aus der Kirche ausgetreten sind. George Orwell dachte nur an den Großen Bruder Staat bei der Überwachung, nicht an die Wirtschaft. Nun können wir unsere Privatsphäre nicht mehr schützen. Das haben wir verschlafen. Die Karte verrät alles. Ich hab mir voriges Jahr ein Auto gekauft. Wenige Monate später erhielt ich einen Brief:

›Sehr geehrter Herr Pätzold,

Sie haben sich doch unlängst einen VW gekauft und wir möchten, daß es uns allen immer besser geht und deshalb benötigen wir einige Auskünfte ...‹

Vier Seiten!

Was ich vorher für ein Auto hatte, wie alt ich bin und ob sich der Autoverkäufer eher blöd als klug angestellt hat usw.! Es fehlte nur noch die Anfrage, ob ich mit dem Auto auch unter Alkohol fahre, hin und wieder kleine Joints rauche oder manchmal abschiebebedrohte Asylanten befördere ... Ist doch klar, daß der Verfassungsschutz und der BND damit ihre Leute entlasten. Die Kreditkarte eröffnet völlig neue Möglichkeiten! Wenn man zum Beispiel einige Daten in Datenschutz-Haft nimmt!«

Der Mann redete sich in Rage.

»Noch nie waren wir so gut überwacht wie heute, mein Herr! Die vielen Kameras. Überall werden wir zu unserer Sicherheit gefilmt. Im Supermarkt, in öffentlichen Gebäuden, selbst auf der Straße! Da sehen auch wieder irgendwelche Leute, mit wem Sie wo langgingen. Oder bei Demonstrationen. Da wird mitunter schon der Stellplatz abgefilmt. Und zu Hause?«

»Was soll denn zu Hause sein?«

»In jedem Haushalt gibts einen Fernsehapparat. Mit diesem Apparat kann man also, wie Sie wissen, in die Ferne sehen. Wirklich nur wir?! Kameras und Mikros sind heutzutage so winzig, wer sagt Ihnen denn, daß da nicht längst solche Dinger drin sind?! Gucken Sie nicht so viel Fernsehen, vielleicht wird in der Zeit Ihre Wohnung überwacht!«

Er winkte mir fröhlich zu und ließ mich verdutzt zurück.

Ostsee – gestern und heute

Wenn ich heutzutage mit meiner Frau, mit Kindern und Enkelkindern an der Ostsee in einem gemütlichen kleinen Hotel wohne – reetgedecktes Dach, ein Wintergarten im traditionellen Stil, eine Terrasse im Grünen, in den hellen Zimmern schönes Holzmobiliar –, dann kommen mitunter die Erinnerungen, die Bilder vom Ostseeurlaub zu DDR-Zeiten.

Ich weiß noch, wie wir einmal auf Rügen vor einer Gaststätte anstanden. Hinterm Haus befand sich augenscheinlich eine Fischräucherei, denn der Wind wehte uns immer wieder einen Schwaden um die Nase. Als wir uns dann in der »gastronomischen Einrichtung« einen Platz erkämpft hatten, gab es Fisch – aus der Dose! Der hinterm Haus bearbeitete wurde exportiert … Und so mußten wir an der Küste, nachdem wir die magere Angebotskarte des Lokals studiert hatten, auf Holzfällersteak zurückgreifen.

Aber wir waren ja schon privilegiert, wenn wir an der Ostsee überhaupt ein Privatquartier hatten!

Die Vermieter waren zwar überaus nett, doch wie sah das Zimmer aus! Es war so klein, daß sich im Gang zwischen Tisch und Schrank nur ein Mensch aufhalten konnte. Öffnete man den Schrank mit zuviel Schwung, polterte die Tür gegen den Tisch. Alles, was die Familie an Möbelstücken ausrangiert hatte, war im Zimmer versammelt. Die schönsten Wochen des Jahres verbrachten wir sozusagen im Sperrmüll.

Jeden Morgen schmerzte der Rücken an zwei Stellen. Das waren jene Rillen, die von der dreigeteilten Roßhaar-Matratze herrührten. Das warme Wasser zum Zähneputzen holten wir in einem kleinen Plastikeimer von draußen.

Kein Bad, keine Dusche. Die Toilette teilten sich sieben Menschen. Manchmal hatten die alle zu derselben Zeit ein zutiefst menschliches Bedürfnis, und jeder verdrückte sich erst einmal wieder in sein Zimmer.

Natürlich entschädigten die schöne Ostsee und die Küstenlandschaft unsere Familie für die Zustände. Aber daran konnten wir auch nicht immer denken!

Vor allem in der Schlange!

Man stand an nach Milch, nach Wurst, nach Bier, selbst nach einem »Neuen Deutschland«. (Und hat sich damals dringend eins gewünscht!) Vor den Lokalen ballten sich gebräunte Menschen in der Hoffnung auf gebräunte Fleischstücke.

Ein Urlaubstag steht mir noch genau vor Augen. Wir warteten mittags an einer fettbesprenkelten Broiler-Verkaufseinrichtung. Das Hähnchen bekamen wir, ohne Serviette, auf einem Stück Papier herübergereicht. Das Papier war dem Fett nicht gewachsen. Logisch! War ja auch kein Ölpapier!

Neben dem Kiosk stand eine Holzkiste für Abfälle. Es gab keinen Tisch, keinen Stuhl, wir mußten im Stehen den »dohdn Voochl« abnagen. Dann liefen wir mit fettriefenden Fingern auf der Strandpromenade zu einem Brunnen, der zum Glück am Boden noch etwas Wasser bot, um das Gröbste abzuspülen. Während wir bäuchlings auf dem Rand des Brunnens lagen, sagte ich meiner Frau: »Und das ist das Land von Goethe und Einstein.«

Daß diese Kulturlosigkeit wie ein Spuk verschwunden ist – allein schon deshalb hat sich die Runde um den Leipziger Ring gelohnt!

Vom Fahren und Nichtfahren

Wenn Sie heutzutage noch Auto fahren, müssen Sie einiges investieren!

Es kommen mittlerweile erkleckliche Sümmchen zusammen, wenn Sie an der Tanksäule den Zapfhahn aus der Tanköffnung ziehen. Viele stehen unter Schock, sobald sie die Zahlen auf der Tafel wahrnehmen. Deshalb mehren sich an den Tankstellen jene Menschen, denen es nicht nur die Sprache verschlägt, sondern die – vermutlich im Affekt – gleich starten, ohne die entsprechende Summe auf den Zahlteller zu legen.

Die Mineralölkonzerne schwimmen im Öl und schöpfen ab. Übrigens schöpft auch der Staat: Er verdient durch die Steuer an jedem verkauften Liter Benzin 67 Prozent.

Die interessante Frage ist aber: Gibt es wegen dem teueren Benzin weniger Verkehr?

Nie im Leben!

Inzwischen meinen Fachleute: Autofahren muß zum Luxus werden!

Das hören wir zwar gar nicht gerne, jedoch: Anders kriegen wir nicht mehr die Straßen frei, um überhaupt fahren zu können. Heutzutage können Sie fahren, wohin Sie wollen: Sie landen im Stau.

Aber wieviel muß ein Liter Benzin kosten, damit die Menschen auf das Auto verzichten und in den Zug steigen? Bei den Bahnpreisen würde das noch Generationen dauern. Die Bahn ist quasi der große Verbündete der Auto- und Benzinhersteller. Vielleicht wird der Konzern auch von ihnen geschmiert, damit die Fahrpreise auf keinen Fall sinken …?

Wo wäre denn Ihre Schmerzgrenze beim Benzinpreis erreicht?

Bei 2,50 Euro pro Liter? 3 oder 5 Euro?

Wenn das Benzin tatsächlich in den nächsten Jahren immer teurer wird, dann müssen Sie irgendwann erst die Kontoauszüge kontrollieren, ehe Sie tanken fahren!

Dann heißt es: »Guck mal, die Müllers fahren Auto – die müssen ja ein Schweinegeld haben!«

»Kein Wunder – die haben doch geerbt!«

Fakt ist, wenn alle überall fahren wollen, kommt keiner mehr voran. So gesehen ist ein hoher Benzinpreis der Verbündete für staufreies Fahren. Dann werden unsere Straßen wieder befahrbar gemacht, während sie jetzt oft riesigen langgestreckten Parkplätzen ähneln. Nun werden Sie sagen: »Nee, nee, also dann lieber im Stau!«

Eins ist jedenfalls bewiesen: Mit »mehr Straßen bauen« kriegen wir das Problem nicht in den Griff. Mehr Straßen schaffen sofort mehr Verkehr und mutieren automatisch zu Standspuren.

Professor Ronald Hitzler von der Universität Dortmund hat eine interessante Theorie aufgestellt, wie es überhaupt zum Dauerstau kam. Schuld ist seiner Meinung nach eine der ältesten Eigenschaften der Menschen – der Neid.

»Die vielen, die dermaleinst nicht fuhren, neideten den wenigen, die fuhren, die Möglichkeit zu fahren so lange, bis die vielen endlich auch die Möglichkeit hatten zu fahren.«

Und deshalb »fahren« im besten Sinne des Wortes immer weniger!

Im Taxi

Ich benutze gern Taxis, denn ein Gespräch mit dem Fahrer verrät viel über die Stimmung im Land. Mitunter erlebe ich auch Überraschungen. Eines Tages sagte eine Fahrerin zu mir: »Ich kenne Ihren Enkel Friedrich.«

»Ach was!«

»Ja, ich bin seine Schwimmlehrerin.«

»Das ist ja ein Ding!«

Ich hätte doch nie gedacht, daß Schwimmlehrerinnen auch Taxis chauffieren! Aber heutzutage braucht der Mensch unbedingt ein zweites Standbein. Selbst wenn er seine Beine lieber im Wasser bewegt.

Während der Taxifahrten habe ich auch manche Anregung für Kabarettszenen bekommen.

»Guten Tag.«

»Guten Tag. Na, wo soll's denn hingehen?«

»Zum Bahnhof.«

»Zum Bahnhof. Machen wir.«

Der Fahrer schaute nach einigen Metern in den Rückspiegel.

»Sie woll'n wohl verreisen?«

»Ja.«

Er machte eine kleine erwartungsvolle Pause, hoffte vermutlich, daß er auch noch das Reiseziel erfuhr. Ich hatte aber keine Lust, ihm den Ort zu verraten, und so unternahm er einen weiteren Versuch, das Gespräch in Gang zu bringen.

»Aber das Wetter ist ja sehr bescheiden, he?«

»Ja, ja, es regnet einfach zuviel.«

»Genau! Der Regen macht die Leute fertig. Die laufen schon alle rum wie Falschgeld.« Er lachte kurz auf, aber plötzlich schlug seine Stimmung in helle Empörung um: »Haben Sie das gesehen?! Haben Sie *das* gesehen?!«

»Nein.«

Er zeigte auf ein Auto, das vor ihm fuhr.

»Der steht in der Mittelspur, ich kriege Grün, da fährt der *vor mir* nach links, diese Hutblume, der hat wahrscheinlich seine Fahrerlaubnis in der Aufbau-Tombola gewonnen!!! Manchmal wünsche ich mir wirklich 'ne Panzerfaust! Da wäre dann mit der Zeit auch das Arbeitslosenproblem gelöst! Wahnsinnige, wo man hinguckt, Wahnsinnige! Die sind doch alle nicht mehr normal! Mensch, sind das Zeiten! Die einen fahren Auto wie die Besengten, die anderen klauen wie die Raben oder schlagen die Leute zusammen. Und die Ausländer vergiften unsre Kinder mit Rauschgift! Ich habe nie was für die Kommunisten übriggehabt, nie, aber ich sage Ihnen, der ABV – das war 'ne feine Sache! Der kannte seine Pappenheimer! Den könnten wir jetzt gut gebrauchen! Diese sogenannte Demokratie bringt doch nur Unordnung und Kriminalität. Wir brauchen mal jemand, der richtig aufräumt mit den ganzen Chaoten!«

Nun entdeckte er vor seinem Wagen wieder ein Verkehrshindernis. »Nu fahre, meine Pfirsichblüte, fahre! Ich soll Weihnachten von meiner Guten ein Paar Socken geschenkt kriegen – bis dahin möchte ich wieder zu Hause sein ... Wie sieht's denn heute aus? Wer Arbeit hat, der rammelt wie ein Kaputter durch die Gegend. Zwölf Stunden sind bei uns die Norm. Die Raten drücken. Ich werd manchmal nachts wach. Die Geldsorgen! Und viele Menschen geben einem ja heutzutage nicht mal ein Trinkgeld! Können Sie sich so was vorstellen, mein Herr?!«

Um ihn nicht noch mehr zu erregen, sage ich ihm gleich, daß ich mir das nicht vorstellen könnte, was ihn sichtlich beruhigte.

»Aber wir haben es doch nicht anders gewollt! Wir wollten ja diesen schönen Kapitalismus! Mit Marlboro und Video, das rosarote Fleisch und die knackigen Äpfel. Vierzig

Jahre sind wir ohne Konservierungsmittel ausgekommen. Und nu? Wo Sie hingucken – Gifte. Überall Gifte! Das schlägt doch alles auf die Gesundheit. Wir fahr'n sie doch jeden Tag, die Kranken: Herz, Lunge, Niere.«

Ein Radfahrer kreuzte seinen Fahrweg.

»Mensch, tritt in die Pedale, du Organspender! ... Vorige Woche hab ich erst einen vom Krankenhaus geholt. Dreißig Jahre. Krebs! Das gab's doch früher nicht!«

Ein Wagen fuhr an, ohne ein Zeichen zu geben.

»Ja, nicht mal blinken!!! Ein Auto für 40000 Euro, aber für einen Blinker hat's nicht gereicht!«

Ein schick angezogener Mann lief eilig über die Straße.

»Oh, hamm Se den gesehen? Mit 'm Arbeitgebermantel! Wenn ich diese knackigen Typen schon sehe. Die verarschen sich doch gegenseitig ... immer total gut drauf, topfit und dynamisch! Die überholen dich noch in der Autowaschanlage! Das ist doch alles nicht mehr normal! Die nehmen die Schuhe mit nach Griechenland, weil sie die dort billiger repariert kriegen!!! Das müssen Sie sich mal überlegen – da schleppen die ihre Galoschen nach Athen! Oder an der Ostsee, da gehen die nach Polen zum Friseur! Waren Sie in letzter Zeit mal in Polen? Nee?! Da können Sie schön billig einkaufen!«

Inzwischen waren wir am Bahnhof angekommen. Er zeigte auf ein paar Männer, die mit einem Bier in der Hand an einer Ecke herumstanden.

»Sehen Sie die Typen dort? Die stehen jeden Tag hier, *jeden* Tag! Es ist doch nicht so, daß es in diesem Land nichts zu tun gibt! Gehen Sie bloß mal in den Wald. Das Holz vom letzten Sturm liegt überall noch rum. Da sollen die doch mal den Wald aufräumen! Wissen Sie, was wir wieder bräuchten? Einen Arbeitsdienst!«

Meinen angedeuteten Protest übertönte er sofort: »Ja! Glauben Sie mir! Jeder Arbeitslose muß in der Woche ein paar Stunden gesellschaftlich nützliche Arbeit machen, sonst kriegt er kein Geld!«

Er warf einen Blick auf das Taxometer.

»Acht zehn … Wissen Sie, ich habe weder was für einen Kaiser, Führer oder Generalsekretär übrig, aber eins kann ich Ihnen mit Sicherheit sagen: Ohne bissel Diktatur wird das hier alles nischt!«

Abschied

Im Jahre 1998 nahmen drei bedeutende Männer ihren Abschied, sie repräsentierten die Bundesrepublik Deutschland auf ganz unterschiedliche Art.

Nach 16 Jahren und 26 Tagen im Kanzleramt wurde Helmut Kohl auf das politische Altenteil geschickt. Damit endete die längste Amtszeit eines Kanzlers in unserem Land. Gegen den mediengewandten und machtbewußten Gerhard Schröder, den man in seiner Jugend auf dem Fußballplatz »Acker« gerufen hatte, konnte er nicht mehr bestehen. Schröder, so erzählten Augenzeugen, hatte nach einer abendlichen Feier seinerzeit am Gitter des Kanzleramtes gerüttelt und gerufen: »Ich will hier rein!«

Dann hatte er so lange geackert, bis er drin war.

Nach acht Jahren nahm außerdem der zunehmend erfolglose Nationaltrainer Berti Vogts seinen Hut bzw. sein Basecap.

Und schließlich der Dritte: nach 24 Jahren verabschiedete sich Horst Tappert als Oberinspektor Derrick. 281 Folgen dieser Krimiserie waren über die deutschen Bildschirme geflimmert.

10,32 Millionen Zuschauer verfolgten die letzte Gangsterjagd.

Man stelle sich vor, daß an einem Abend in Deutschland 10,32 Millionen Menschen das gleiche Buch lesen ...

Nicht auszudenken!

Die Statistiker zählten in den Filmen des Oberinspektors 286 Täter, davon nur 37 Frauen. Hier sieht man wieder einmal, daß in Deutschland die Frauen selbst als Täter diskriminiert werden!

Bei den Opfern stehen sie schon etwas besser da. Von

den 344 Menschen, die zu Schaden kamen, sind immerhin 105 weiblich.

Die Serie wurde in 102 Länder verkauft. Horst Tappert konnte sich, wenn er in einem Hotel in Tokio einmal den Fernseher angestellt hätte, auch auf japanisch hören.

Mit seinem Assistenten, den Fritz Wepper spielte, ermittelte er zumeist im gehobenen Münchner Milieu. Was den Oberinspektor Derrick besonders auszeichnete: Er zog nur zehn Mal seine Dienstwaffe, eine 38er. Derrick löste seine Fälle lieber mit psychologischem Geschick. Kult wurde ein völlig harmloser Satz der Serie: »Harry, hol schon mal den Wagen.«

Und den hat Harry 281mal geholt.

Beim Friseur

Kurz nach der Bundestagswahl 1998 war ich bei meinem Friseur. Ich fühlte, daß er es gar nicht erwarten konnte, mit mir die politische Situation in Deutschland zu erörtern. Kaum hatte er mir den Umhang mit dem Schriftzug »Schuffenhauer – der Friseur« umgelegt, ging es auch schon los: »Na, was sagen Sie denn zu unserer neuen Regierung?«

Dabei wollte er, wie so oft, gar nicht meine Meinung hören, sondern nahm solche Fragesätze nur als Entree, um sich endlich Luft zu machen.

»Das war doch ein Fehlstart nach Maß! Da dachten wir, wir kriegen nun mit Schröder einen ordentlichen Steuermann, dabei bekamen wir nur das Steuerchaos. Die Haare vom Schröder sind übrigens garantiert gefärbt!«

»Aber er hat das doch dementiert!«

»Politiker dementieren immer. Bei der jungen Frau … nee, nee, die sind gefärbt. Denn Haarefärben kommt jetzt generell bei Männern mehr in Mode. Auch Toupets. Es gibt Toupets, die sitzen wie Ast, sage ich Ihnen! Da könn' Se vom Drei-Meter-Turm hüpfen! Sie können sich inzwischen auch Haare einpflanzen lassen …«

»Aber ich habe ja zum Glück genug, sonst wäre ich doch nicht bei Ihnen!«

»Ja, ich meine auch nicht Sie, sondern generell und gerade manche Politiker. Und was sagen Sie zu der Frau vom Lafontaine?«

»Ich denke …«

»Genau – die Frau vom Lafontaine will eindeutig in der Politik mitmischen. Das ist nicht zu übersehen. Die ist ehrgeizig! Wie die Frau vom Clinton. Die heißt doch Hillary, nich?! Und die Frau vom Lafontaine heißt doch Müller.

Und deshalb nennen sie die in Bonn jetzt Müllery! Gut, was?! Man sagt ja, der Lafontaine ist der Schatten vom Schröder. Wenn Sie mich fragen, dem Lafontaine ist doch ganz egal, wer *unter* ihm Kanzler ist. Aber die Politiker generell, Herr Lange ... es fehlen Köpfe! Köpfe! Sehen Sie mal ... früher ... der Brandt, der Schmidt, selbst der Strauß ... nicht mein Fall, aber Köpfchen! Damals war doch die zweite Reihe noch profilierter als heute die erste ... der Wehner, der Bahr, der Wischnewski! Die Grünen erkennt man inzwischen nicht mehr an provokanten Sätzen, sondern lediglich daran, daß einige keinen Schlips tragen. Da kommt auch nichts mehr, außer vom Fischer – der hat Köpfchen. Sehen Sie mal, Herr Lange, was der für eine Entwicklung gemacht hat. Vom Hausbesetzer zum deutschen Außenminister! Da können Sie mal sehen, was aus den Jungs in Connewitz alles noch werden kann! Und was sagen Sie dazu, daß ein Ostberliner Bundestagspräsident wurde?«

»Also, ich ...«

»Mit dem langen roten Bart sah ja der Thierse wie der letzte Sozi aus, doch kaum war der Bart gekürzt, fing er mit der Erhöhung der Diäten an. Peinlich! Ausgerechnet als Ostdeutscher! Aber in seine Dienstvilla nach Dahlem wollte er nicht, vielleicht hat er bissel schlechtes Gewissen gekriegt. Dabei hat die Süssmuth die Villa extra für 4,5 Millionen D-Mark renovieren lassen. Und das war bestimmt nur das Nötigste! Na ja, wir Friseure haben von der neuen Regierung auch nichts zu erwarten. Der Mittelschicht fehlen die Mittel, es bleibt nur die Schicht übrig! Wir haben in der DDR 40 Jahre auf Sand gebaut. Jetzt bauen wir auf Kies. Wenn Sie sich von der Regierung Hilfe erhoffen, Herr Lange, da müssen Sie schon ein Atomkraftwerk in der Ukraine sein. Dann haben Sie Grund zum Strahlen!«

Verstehen Sie Denglisch?

Sie verstehen Bahnhof? Das kann ich Ihnen nachfühlen!

Nicht nur uns Ostdeutschen, die wir in der Schule unentwegt Russisch lernen mußten, ohne es jemals zu können, ergeht es so, nein, auch im Westen gibt es eine Menge Menschen, die kein Englisch verstehen. Und so bereitet vielen die heutige, oft anzutreffende Mischung aus Deutsch und Englisch – das sogenannte »Denglisch« – große Probleme.

Tatort Leipziger Hauptbahnhof: Eine Omi aus Wurzen, ausgerüstet mit Gepäck und Reisefieber, auf der Suche nach einer Toilette, irrt über den Querbahnsteig und ist schon drei Mal bei »McClean« vorbeigelaufen, ohne daß sie die Stätte der Erleichterung entdeckt hätte. Schließlich half ihr ein Kundiger und alles fand ein gutes Ende. Ehe sie die Reise fortsetzt, will sie sich noch einmal bei der Auskunft wegen Abfahrt und Umsteigen vergewissern, und die Sucherei geht weiter, weil daraus inzwischen ein »Service Point« geworden ist. Die Omi fragt sich: Wieso haben die in Leipzig außer der DDR auch gleich noch ihre Sprache aufgegeben?

Wer macht sich hier so wichtig im Land?

Es sind besonders die Manager und Werbeleute, die sich mit ihrem Kauderwelsch als ständige Sprachpanscher betätigen und damit ihre internationale »cleverness« unter Beweis stellen wollen. Sie empfinden sich damit als »cool« und »in«. Die Modetante Jil Sander äußerte sich so in einem Interview: »Mein Leben ist eine giving story. Für den Erfolg war mein coordinated concept entscheidend. Die audience hat das alles supported.«

Na, fine, Frau Sander! Dann wollen wir hoffen, daß Ihr Leben in the future für Sie auch immer very nice verläuft.

Apropos future. Selbst den Bestatterverband in Deutschland hat es schon erwischt. Die Bestatter nennen sich da und dort längst »funeralmaster« und haben auch den Sarg aus ihrem Vokabular gestrichen. Der heißt jetzt »peace box«. Schrecklich! Möchten Sie in einer »Friedensschachtel« beerdigt werden?

In einer großen Illustrierten habe ich gelesen, daß sich reihenweise Senioren beschwerten, als die Telekom neue Rechnungen verschickt hatte. Keiner der älteren Herrschaften wollte Telefongespräche bezahlen, die man angeblich mit einem Herrn German Call geführt haben sollte.

Sie, liebe Leserinnen und Leser, haben es in der Hand, ob Sie den ganzen Schwachsinn mitmachen oder ein Ereignis immer noch als solches bezeichnen und nicht als »event«, daß Sie einen Höhepunkt schöner finden als ein »highlight« und auf eine Out-door-Jacke gern verzichten.

Auch ich bin in solchen Fällen stur und schrecke selbst vor Boykottmaßnahmen nicht zurück! Den in der Nähe meiner Wohnung befindlichen »Back-point« betrete ich erst, wenn er wieder Bäckerei heißt, und der »Flowershop« um die Ecke sieht mich nur als Kunden, wenn er wieder ein Blumenladen geworden ist.

Da zeigt sich die Macht des Konsumenten!

P.S. Übrigens ... denken Sie, es gibt in London *einen* »Flowershop«, der »Blumenladen« heißt?!

Zurück in den Reichstag!

Im Jahr 2000 begann in Bonn das große Packen, obwohl dort vor gar nicht langer Zeit erst Millionen für ein schönes Bundestags-Haus verpulvert worden waren. Doch Beschluß ist Beschluß – der Reichstag rief!

7500 Staatsdiener zogen vom Rhein an die Spree. Aber: Wer dem Staate dient, soll es auch spüren. Den Bundesbeamten wurde die Veränderung ihrer Lebensumstände durch allerlei Vorteile erheblich erleichtert.

Wenn sich zum Beispiel ein Bundesbeamter in Berlin ein Haus kaufen wollte, bekam er dafür verbilligte Staatskredite. Wer ein Haus bauen wollte, erhielt außerdem eine Aufwandsentschädigung bis zu 50000 D-Mark sowie eine Umzugspauschale von 11700 D-Mark. Auch an die lieben Nächsten wurde gedacht. So gab es 2500 D-Mark, um den Nachhilfeunterricht für die Kleinen zu finanzieren (ist der bei Beamten-Kindern besonders nötig?), 450 D-Mark für einen neuen Küchenherd (denn Sie wissen: Eigner Herd ist Goldes Wert!), Zuschüsse für Garagen und Entschädigungen für den Fall, daß das Haus in Bonn erst nach erfolgtem Umzug verkauft werden könnte.

Also, daß die Beamten ein Haus in Bonn hatten, davon war schon mal auszugehen!

Trotz aller Zulagen (in der Art diverser »Bonnbons«) litt ein Teil der Staatsdiener unter einer Krankheit, für die Psychologen schon lange einen Namen gefunden hatten: die »Umzugsdepression«. Die ersten Fälle wurden auch bald nach Bekanntwerden der Hauptstadtpläne vom Leiter des Sozialen Dienstes im Bonner Innenministerium bestätigt.

Die schönen materiellen Stimuli bewahrten also nicht vor den seelischen Problemen. Und warum brachte der

Ortswechsel für die Betroffenen solche Konflikte? Tja, der Mensch ist halt ein Gewohnheitstier. Außerdem waren die Bonner Beamten seit Jahrzehnten jeglicher Mobilität entwöhnt, konnten fast zu Fuß zum Schreibtisch schlendern, sahen vom Liegestuhl auf den ruhig dahinfließenden Rhein und mußten nun ins hektische Berlin.

Vielleicht wäre einigen geholfen worden, wenn man den materiellen Ausgleich noch erhöht hätte? Zum Beispiel durch einen Verlustbonus für den verlorengegangenen Karneval im benachbarten Köln oder für das Weinfest in Unkel. Ein Luftveränderungszuschlag wäre passabel gewesen oder ein kostenloses tägliches Rheinweinabonnement ... ergänzen Sie bitte mit Ihrer Phantasie die Liste selbst.

Eine Psychologin meinte, manchen trifft ein Umzug härter als die Trennung vom Partner. Und die Statistiker schätzten, daß von den 7500 Bonner Beamten etwa 1500 »umzugsgefährdet« sein könnten. 1500 seelisch gelähmte Beamte – da mußte es doch abwärtsgehen in der Bundesrepublik; unsere führende Rolle in Europa geriet ins Wanken.

Außenminister Fischer war sichtbar auch infiziert. Er verlor die Lust am Laufen und setzte Kummerspeck an.

Gysi als Berliner genoß seinen Heimvorteil und brachte sich nach kurzer Pause wieder standesgemäß ins politische Geschäft ein.

Das Heer von ehemaligen Regierungsbeamten der DDR witterte schon Morgenluft, hätte sofort frisch und ausgeruht die Bonner Trauerklöße ersetzt. Aber dazu ließen die es nun doch nicht kommen.

Vom fröhlichen Spenden

Die Parteien leben vom schlechten Gedächtnis der Menschen.

Entsinnen Sie sich noch der Zeit, in der zu unserem täglichen Brot das Wort »Parteispende« in den Medien gehörte?

Mir stieg da gleich die politische Kohl(en)säure auf!

Die Moral im Land war auf diesem Gebiet im Jahre 2000 im Keller. Und keiner da, der sie wenigstens wieder ins Erdgeschoß geholt hätte?

Die Geldmanipulationen der CDU hatten sich zum Dauerbrenner entwickelt. Wenn Sie in jenen Tagen einmal die Nachrichten nicht hörten, hatten Sie glatt wieder ein paar Millionen verpaßt!

Und wenn ich im Fernsehen sah, wie mich die armen CDU-Spitzenmenschen anguckten ... der Schäuble, der Rühe, die Merkel – diese tragischen Gesichter! Als hätte jeder in der Familie einen Trauerfall.

Ich fragte mich nur, was die Gründungsväter dieser Partei geritten hatte, ausgerechnet das C für »Christlich« in den Parteinamen aufzunehmen. Die mußten doch zumindest eine Ahnung von den Zehn Geboten haben! Und in diesen Geboten steht alles drin, was einer Partei an der Macht nur schaden kann:

Du sollst nicht falsch Zeugnis reden ...

Du sollst nicht stehlen ...

Du sollst keine anderen Götter haben neben mir ...

Wie soll ein normaler Politiker das alles durchhalten, der bei Strafe seines Unterganges gezwungenermaßen das Geld mehr lieben muß als den lieben Gott!

Das C stand nun eher für Camorra, also für jenen politischen Geheimbund, der seinerzeit im sonnigen Süden gegründet wurde und sich mehr und mehr im kühleren Norden des Kontinents etabliert.

Wird der Spendensumpf jemals richtig trockengelegt?

Wie viele Frösche müßten da erst noch quaken?

Und was käme in diesem Sumpf alles zum Vorschein?

Hat vielleicht jemand den Kohl hereingelegt? Und ihm SED-Geld untergejubelt?

Wir müssen mit allem rechnen!

Vielleicht ist der Herr Schreiber in Kanada lediglich der letzte agierende Außenmitarbeiter von Herrn Markus Wolf?

Was kommt da auf uns zu?

Ob Sie es glauben oder nicht: Asyl suchen in Deutschland nicht nur Menschen aus anderen Kulturkreisen, nein, auch in der Fauna und Flora gibt es Asylanten!

Natur ist, wie Sie alle wissen, nichts Statisches. Ökosysteme verändern sich. Und so kommen Tiere und Pflanzen aus anderen Klimazonen zu uns. Heimlich, über Nacht, aber mitunter auch recht frech am hellerlichten Tage. Kaum wahrnehmbar dank ihrer Tarnfarben. Da wandern zum Beispiel illegal Marderhunde, auch Enoks genannt, aus der Ukraine ein, durchstreifen unsere Wälder und werden zum Konkurrenten des Fuchses! Und während sich unser Fuchs, der arme Hund, im Winter halbverhungert herumquält, hält der Marderhund Winterschlaf. Dadurch ist er im Frühjahr putzmunter und in bester Kondition. Unser Fuchs dagegen hängt durch, hätte gar nicht mehr die Kraft, eine Gans zu stehlen!

Nutrias sind von Pelzfarmen entkommen oder wurden nach der Wende ausgesetzt. Daran sind die Demonstranten also auch schuld. Der Waschbär wäscht sich längst im deutschen Wald. Man schätzt, daß inzwischen bis zu 100000 Tiere herrenlos herumstromern. Immer neue Arten tauchen bei uns auf. Sibirische Streifenhörnchen sagten sich: Go west!

Nun sind sie da!

Halsbandsittiche aus Afrika wurden im Raum Köln gesichtet. Die Türkentaube aus dem heißen Kleinasien fühlt sich im deutlich kühleren Mitteleuropa wohl. Und nicht etwa nur in Kreuzberg.

Bei Stuttgart hat sich der 20 Zentimeter große amerikanische Ochsenfrosch angesiedelt. Wie kam der über den Teich?

An der Ruhr kriecht inzwischen die Afrikanische Rotwangenschmuckschildkröte herum und Chinesische Wollhandkrabben erobern die Havel. Es gibt auch Arten, die aus dem Exil zurückkehren wie Bär, Wolf, Luchs und Elch. Und so kann die saloppe Redewendung »Ich denk', mich knutscht ein Elch!« plötzlich für Sie am eigenen Leib erfahrbar werden.

Was tun mit den Zugereisten?

Im P.M.-Magazin stand, daß ein Teil der Fachleute tatsächlich gegen die Faunenverfälschung, wie sie es bezeichnen, zu Felde ziehen will. Die Hardliner würden die fremden Tier- und Pflanzenarten am liebsten ausrotten. Sozusagen mit Stumpf und Stiel.

Auf der schwarzen Liste steht bei denen ganz oben der Waschbär. Er würde Vogelnester plündern. Doch in den Mägen der Waschbären fand man hauptsächlich Würmer und Insekten.

Fremdenfeindlichkeit grassiert also auch unter Ökologen.

Eins steht fest: Der Klimawandel wird uns bei Tieren und Pflanzen noch manche Überraschung bescheren. Ich rechne mit allem: Palmen am Ostseestrand und Skorpione in der Kleingartenanlage.

Über die Zukunft des Mondes

Manchmal, wenn ich nachts irgendwo im Freien sitze, im Urlaub am Strand oder zu Hause auf meinem Balkon, da kommt es mir plötzlich unvorstellbar vor, daß da oben auf dem Mond schon Menschen waren.

Irgendwann las ich in einer Zeitung, daß es auch immer wieder Leute gibt, die diese Tatsache schlicht anzweifeln. Die NASA hätte gemogelt, weil die Sowjets den Amerikanern voraus waren. Die UdSSR startete bekanntlich den ersten Sputnik und schickte mit Gagarin den ersten Menschen ins All. Deshalb waren die Amerikaner unheimlich unter Druck.

Ich habe jedenfalls die Bilder vom Mond damals mit eigenen Augen im Fernsehen gesehen! Die Kritiker ficht das übrigens nicht an, denn sie meinen, diese Bilder hätte man auch in einem Studio produzieren können. Die flatternde amerikanische Flagge auf dem Mond hätte nicht flattern dürfen, weil es auf dem Mond keine Luft gibt!

Was soll man da sagen?

Kann eine Fahne auch ohne Luft flattern?

Was soll man glauben?

Waren die Amis 1969 wirklich auf dem Mond? Oder hatten die Filmemacher mit ihrem »Unternehmen Capricorn« recht?

Nun fange ich auch an zu zweifeln. Warum waren die Amis seitdem nie wieder oben? Wenn das so einfach war! Doch ich beruhige mich, dafür gibt es eine simple Erklärung: Alles viel zu teuer! Und unlängst sprach man davon, in den nächsten Jahren wieder zum Mond zu starten.

Es hat ja auch schon ein Geschäftsmann Mondparzellen verkauft!

Ein sicheres Indiz, daß es bald losgeht!

Der Mann war vermutlich in der Nachwendezeit als Immobilienhändler in Leipzig tätig und hat hier trainiert, Grundstücke zu verkaufen, die ihm gar nicht gehörten.

Jetzt planen die Briten sogar schon eine Luxusherberge auf dem Mond! Hilton International will dort ein Fünf-Sterne-Hotel bauen.

Sie werden sich vielleicht fragen: Haben denn die Briten zu Hause nichts mehr zu tun?

Zu tun haben sie, aber nicht mit so einer Gewinnspanne. Überlegen Sie mal – 5000 Betten auf dem Mond! Und die sind garantiert in kurzer Zeit auf Jahrzehnte ausgebucht. Jahrzehnte!

Die NASA bringt die Gäste dann mit einem Raketenlift auf den Erdtrabanten. Dadurch entsteht ein neuer Beruf: Raketenliftboy. Im Hotel gibt es auch ein Krankenhaus und eine multikonfessionelle Kirche. Also diese Kirche ist dann sozusagen protestantisch-römisch-katholisch-griechisch-orthodox!

Das wäre ja nun wirklich ein Fortschritt!

Drum gibt es solch ein Gotteshaus auch nur auf dem Mond!

Das Hotel wird einen Strand mit eigenem »Meer« haben. Sie werden einwenden, man kann doch nicht im Badeanzug im Raumanzug am Strand liegen!

Strand und Meer befinden sich natürlich innerhalb des Hotels. Durch einen Druckausgleich können Sie sich im Hotel wie auf der Erde bewegen. Deshalb schweben Ihnen im Restaurant auch nicht die Nudeln um die Ohren. Auf der Terrasse des Hotels schlürfen Sie Ihren Campari und genießen den Blick auf die Erde.

Minishuttles fahren die Mondtouris durch die Gegend. Nun ja, sehr attraktiv ist weder der Krater zur Linken noch der Krater zur Rechten. Leipzigern kann man damit sowieso nicht imponieren, die Gegend erinnert sie zu sehr an stillgelegte Braunkohlentagebaue.

Sollten Sie noch Zweifel an der Realisierung dieser Pläne haben, dann überzeuge ich Sie mit dem Zitat eines Wissenschaftlers der Universität Cambridge: »Die Schaffung von Lebensbedingungen für Menschen auf dem Mond wirft keine besonderen Probleme auf.«

Der Mann hat recht!

Probleme macht das nur auf der Erde!

Ganz oben

Mein Zahnarzt bringt seit Jahren zwei Sprüche immer wieder an. Kommt man nur, damit er den Blick für das Bonusheft tätigt, dann meint er: »Schon der Genosse Lenin sagte: Vertrauen ist gut, Kontrolle ist besser!« Die zweite, ständig wiederholte Weisheit lautet: »Sie wissen, ich lebe nur von der Hand in den Mund!«

Damit hat er recht, das tut er ja tatsächlich.

Sie merken schon – der Mann scherzt gern. Und er reist gern. Und erzählt auch ungefragt von seinen Reisen.

»Dieses Mal war ich wirklich sehr weit weg! An der Grenze von Nepal und Tibet stand ich! Wenn Sie da mal hinwollen: Mit der 16 bis zur Endhaltestelle und dann noch ein ganzes Stück geradeaus! Nein, im Ernst: Mount-Everest-Trekking im Himalaya!!! Mit zwei Kollegen aus München. 5000 Meter war'n wir hoch! 5000! Und dann haben wir mit einem Leichtmetallflugzeug eine Runde um die Bergspitze gedreht! Eine Traumsicht auf den Gipfel! Das kann man nicht beschreiben! Da fehlen einem die Worte! Zum Glück hab ich alles auf Video! Wenn ich es nicht auf Video hätte, ich sage Ihnen, ich würde gar nicht glauben, daß ich wirklich dort war. Überlegen Sie mal: Jahrzehntelang nur auf den Fichtelberg, bißchen Tatra und nun am Tschomolungma, wie die Tibeter sagen. Tschomolungma, die Göttin-Mutter der Berge! 8847,5 Meter hoch! 1953 ist der erst bestiegen worden – von einem Engländer und einem Sherpaführer. Meine Frau war nicht mit. Unter uns – da liegen wir total auseinander, was dieses Thema betrifft! Wissen Sie, was sie gesagt hat: ›Man muß nicht die letzten Paradiese stürmen.‹ Von wegen ›stürmen‹! Da oben laufen Sie von ganz alleine langsam! Und: Wenn alle so denken würden, da hätten die dort überhaupt nichts zu beißen! Sie war in der Sächsischen Schweiz mit ihrer Schwester, Kindheitserinnerungen auffrischen. Ihre Sache. Obwohl: Als Zahnarzt ist mir das fast peinlich. Was sollen denn die Kollegen denken! Dem sein Laden läuft wohl nicht! Können sich wohl nur eine Auslandsreise leisten! Aber bitte, soll sie machen! Und von wegen ›die letzten Paradiese‹ – das ist längst vorbei! Denken Sie, da gibts keinen Müll? Was denken Sie, was wir da oben alles gesehen haben: Trümmer von einem Hubschrauber, Zeltreste, Verpackungen – liegt inzwischen alles auf der Göttin-Mutter drauf! Also Dreck wie überall! Aber der Aufstieg! Da kommt die Stunde der Wahrheit! Da zeigt sich, was man noch drauf hat! Wer das da oben besteht, der kann natürlich hier unten erst recht. Es war schon manchmal an der Grenze, und dabei hatten wir ja noch nicht mal Gepäck! Die Sherpas, die schleppten bis zu fünfzig Kilogramm! Bis zu einem Zentner! In der Luft! Dünn wie Ihr Zahnschmelz! Und wissen Sie, was die dafür kriegen?! Einen Euro! Pro Tag! Also ehrlich, für einen Euro, da würde ich ja nicht einmal den Kopf in Richtung Ihres Gebisses drehen! Sie nehmen mir das doch nicht übel?! Manche von diesen Leuten haben nicht mal Schuhe! Barfuß den Berg hoch! Für eine Handvoll Reis! Und während wir im Zelt schliefen, da übernachteten die zwischen aufgeschichteten Steinen und wärmten sich an einem Reisigfeuer. Aber die sind natürlich für den Euro dankbar. Kämen wir nicht, hätten die gar nichts! Die haben uns in den Bergdörfern Essen gekocht, Essen, sage ich Ihnen, da träumen die nur davon. Und das alles für ein paar Cent. Zahnmäßig hätte ich bei den Einheimischen natürlich jede Menge zu tun gehabt – mein lieber Mann! Und wissen Sie, was wir am Himalaya getrunken haben – German coffee. Also, da dachte ich, Mensch, jetzt sind wir wirklich Teil der Welt. Wieviel Kilometer der auf dem Bukkel hatte! Von Südamerika über Hamburg zum Himalaya! German coffee! Und noch was: die Einheimischen – bettelarm, aber glücklich! Die ruhen in sich. Mancher hier wäre froh, wenn er so ruhig und ausgeglichen wäre! Würde glatt seinen Mercedes dafür hergeben! Die werden nie ein Land in Europa sehen, aber das stört die überhaupt nicht. Wir dagegen, also von meiner Frau mal abgesehen ... Wissen Sie, was die sagt ... jetzt, wo wir endlich reisen können!!! Da sagt meine Frau: ›Muß man alles sehen?! Muß man den Mount Everest auf Video haben?‹ Ich bitte Sie, *das* kann mir doch niemand nehmen, auch wenn mich vielleicht die Frau Schmidt in ein, zwei Jahren in den Ruin treibt. Da sagt meine Frau, ganz pathetisch – sie hat bissel eine lyrische Ader, schreibt auch so Gedichte zu runden Geburtstagen in der Familie, macht sie hübsch, wirklich nett –, also, da sagt sie doch: ›Man zerstört manches auch, indem man es sieht!‹ Was sagen Sie denn dazu? Aber nun habe ich so viel geschwatzt, jetzt muß ich Ihnen mindestens noch einen Zahn rausreißen – sonst komm ich ja nie auf mein Geld!«

Generös

Man kann gegen unseren Staat sagen, was man will, aber die Versammlungsfreiheit läßt er sich wirklich etwas kosten. Das haben wir zum Beispiel am 1. September 2001 gemerkt. Das Sächsische Oberverwaltungsgericht in Bautzen hatte zu der Entscheidung, die Neonazis in Leipzig marschieren zu lassen, folgendes gesagt: »Einschränkungen des Versammlungsverbotes sind nur unter engen Voraussetzungen möglich.«

Was ist eine »enge Voraussetzung«?

Und dann beteuerte man noch: »Dies ist keine politische Entscheidung gewesen.«

Demnach hat es nichts mit Politik zu tun, wenn Neonazis marschieren? Wie soll ich das verstehen? Ist es dann vielleicht eher als Spaziergang einer Trachtengruppe zu werten?

Die Neonazis haben ihre Demo unter folgendem Thema angemeldet: »1. September, damals wie heute – für Frieden, Freiheit und Selbstbestimmung.« Ich stelle mir vor, wie gewissenhaft die Bautzener Richter vor ihrer Entscheidung diese Losung abgeklopft haben: 1. September … das ist der erste Tag des Monats, der uns den Herbst bringt. Eine schöne Jahreszeit. Die Blätter färben sich. Da gibt es doch nichts einzuschränken. Damals … also an irgendeinem Septembertag des vorigen Jahrhunderts … kann man auch nichts dagegen sagen … heute … also der 1. September 2001 … geht in Ordnung.

Frieden, Freiheit, Selbstbestimmung … na, das sind die Eckpfeiler unserer Demokratie. Darum haben die Richter gemeint, an dieser Losung gibt es nichts, aber auch gar nichts, was ein Versammlungsverbot rechtfertigen könnte.

Dann haben sie lediglich Auflagen erteilt, daß die Demonstranten keine nationalsozialistischen Symbole zeigen dürfen. Das Gericht hat etwas verboten, was schon verboten ist.

Sehr mutig.

Am 1. September begann nicht nur der Zweite Weltkrieg, sondern an diesem Tag wurde 1941, also genau 60 Jahre zuvor, in Deutschland das Tragen des Judensterns verordnet.

Die Nazis riefen am 1. September 2001 in Leipzig: »Ruhm und Ehre der Waffen-SS!«

Der Sachschaden betrug nach Auseinandersetzungen mit den Gegendemonstranten 100000 D-Mark.

Der Polizeieinsatz kostete die Steuerzahler zehn Millionen D-Mark.

Gewiß, bedauerlich. Aber was sollen die Bautzener Richter machen, wenn einfach die »engen Voraussetzungen« nicht gegeben waren ...?

Die Nacht von Worms

Im Juni 2001 startete ich mit meiner Frau zu einer Reise in die Bretagne. Wenn wir etwas nach dem Fall der Mauer genossen haben, so die gewonnene Reisefreiheit: einfach losfahren, ohne Hotelanmeldung, irgendwo Station machen, sich von unbekannten Orten überraschen lassen.

Erste Station auf der Fahrt nach Frankreich wurde Worms, wohl die älteste deutsche Stadt, wie so viele Orte im Krieg schlimm zerstört und in der Zeit nach dem Krieg architektonisch da und dort verschandelt. Aber einiges ist zum Glück erhalten geblieben.

Wir buchten ein Doppelzimmer im Nibelungen-Hotel. Als wir das Zimmer betraten, sahen wir, daß der Raum nur als Einzelzimmer hergerichtet war, also das zweite Bettzeug fehlte. Ein Fenster war nahezu blind vor Staub, das WC und die Dusche blitzten nicht gerade vor Sauberkeit. An der Rezeption wiesen wir auf die Mängel hin und meinten, daß dieses Zimmer in dem Zustand wohl nicht 170,00 DM wert sei. Die Dame an der Rezeption meinte, sie kenne nicht den Zustand aller Räume, versprach Abhilfe und der Chef würde wohl unter diesen Umständen Preisnachlaß gewähren. Dann machten wir uns auf, um noch so viel wie möglich von Worms zu sehen. Da sich meine Frau ebenso wie ich für die jüdische Geschichte Deutschlands interessiert, war Worms für uns ein besonderer Ort, immerhin befindet sich hier der älteste deutsche Judenfriedhof Heiliger Sand. Viele Grabsteine hatten sich mit der Zeit nach vorn oder hinten geneigt, erinnerten an fromme betende Juden, die sich in ihrer Andacht hin- und herwiegen.

Der älteste an der ursprünglichen Stelle erhaltene Grabstein stammt aus dem Jahr 1076. Die Synagoge, ein spätromanischer Bau, wurde im 12. Jahrhundert errichtet.

Kulturlosigkeit zeigte sich an manchen Stellen auf der Friedhofsmauer. Unverputzte Hohlblocksteine, Aluteile, vermutlich von einer Lüftungsanlage, waren ohne Respekt für diesen Ort von einer benachbarten Firma auf die Mauer gesetzt worden.

Als wir gegen 22.30 Uhr in das Hotel zurückkehrten und unseren Schlüssel in Empfang nehmen wollten, meinte nun eine andere Frau an der Rezeption sehr aggressiv: »Was soll denn mit dem Zimmer nicht in Ordnung gewesen sein?!«

Als ich das erklären wollte, ließ sie mich gar nicht zu Wort kommen und sagte: »Am liebsten wäre mir, Sie ziehen sofort aus!« Als ich, etwas perplex, darauf hinwies, daß es doch wohl möglich sein muß, in einem Hotel Mängel zu reklamieren, kam ein älterer Mann dazu, der mich sofort anschrie: »Sie verlassen das Haus!« Als ich ihn fragte, wer er denn sei, schrie er weiter: »Der Besitzer! Und Sie verlassen das Haus!« Dazu bellte sein Schäferhund bedrohlich und zerrte an der Leine. Wir waren, gelinde gesagt, ziemlich fassungslos. Bei meinen Gastspielen in Ost und West habe ich schon sehr viele Hotels kennengelernt, aber so eine unglaubliche Reaktion war mir nirgendwo widerfahren. Als ich nochmals auf mein Recht der Reklamation verwies, brüllte er mich an: »Das können Sie dort machen, wo sie herkommen!« Daraus schloß ich, daß er vermutlich nur Kritik von Westdeutschen akzeptierte. Er war nicht bereit, sich die Gründe für unsere Beanstandung anzusehen, ließ uns nicht zu Wort kommen und erregte sich in höchstem Maße. Ein Gespräch war völlig unmöglich. »Wenn Sie nicht gehen, hole ich die Polizei!«

Darauf ließen wir es gern ankommen. Nach seinem Anruf wurde vorsorglich der Schäferhund aus der Hotelhalle entfernt, damit diese Art der Bedrohung nicht unangenehm auffiel.

Die beiden freundlichen Polizisten, die wenig später erschienen, zeigten zwar Verständnis für uns, meinten aber, daß der Besitzer Hausrecht habe und wir das Hotel verlassen müßten. Wir holten unser Gepäck und standen nachts halb zwölf in der alten Stadt Worms auf der Straße.

Der Besitzer sprach uns zum Schluß noch ein lebenslanges Hausverbot aus. Mit diesem Verbot können wir aber sehr gut leben, da wir in der Stadt Worms niemals wieder Station machen werden. Mit Mühe kamen wir um diese Zeit dann noch in einem kleinen Hotel in der Nähe unter.

Im nahen Rhein sollen ja die Nibelungen ihren Schatz versteckt haben. An diesem Abend hat der Besitzer des Nibelungen-Hotels dort auch noch die Gastfreundschaft versenkt.

Der weitsichtige Luther

Was weiß man schon von Luther ... klar, er hat die Bibel übersetzt. Er war ein Sachse. Wie Kästner und Lessing. May und Nietzsche. Wehner und der Fürst von Pückler-Muskau.

Wir haben auf den unterschiedlichsten Gebieten allerhand zu bieten. Und Sachsen war schließlich einmal der Hort der Reformation und später der Aufklärung. Darüber müssen wir manche Menschen in den alten Bundesländern noch aufklären. Und reformieren müssen wir erst recht ein ganzes Land.

Was weiß ich noch von Luther?

Als Leipziger ist mir bekannt, daß er in der Messestadt mit Dr. Johannes Eck einen Disput führte, in dem er beispielsweise das päpstliche Primat ablehnte. Das nimmt man ihm im Vatikan heute noch übel. Und Luther hat nun schon über vier Jahrhunderte recht.

Er war als Junker Jörg auf der Wartburg ... da hat ihn mal der Teufel beim Arbeiten genervt und kriegte deshalb das Tintenfaß zwischen die Hörner. Der Fleck an der Wand ist noch zu sehen (Und wenn er nicht mehr zu sehen ist, dann wird er wieder erneuert.)

Unlängst fand ich in einem Buch Zitate von ihm, die mich sehr fesselten, weil daraus hervorgeht, daß Martin Luther auch in Sachen Deutschland ein Prophet war.

Er sah im 16. Jahrhundert schon heutige Zustände voraus, lange vor Marx setzte er sich mit der kommunistischen Gesellschaft auseinander. Der Karl hätte nicht nur Kant und Feuerbach, sondern vor allem Luther lesen sollen!

»Eine kommunistische Lebensform ist zwar möglich, kann aber nicht verordnet werden. Denn würde man sie verordnen, könnte sie wegen der korrumpierten Natur nicht funktionieren. Es wollten dann nämlich mehr Leute konsumieren als produzieren, und das führte zum Chaos.«

Da haben wir den Salat!

Luther, und das wird Sie nun vollends verblüffen, schrieb sogar schon über Strauß, Waigel, Stoiber und ähnliche Amigos! Das glauben Sie nicht? Was sagen Sie dazu: »Die bayerischen Fürsten waren von jeher stolz und überheblich.«

Sie sehen – es gibt nichts Neues unter der Sonne.

Aber in einem geht der große Reformator eindeutig zu weit: »Deutsche sind Deutsche und bleiben Deutsche, das ist, Säue und unvernünftige Bestien.«

Na, na, na, unsere Nation besteht ja schließlich nicht nur aus randalierenden Fußballfans und Kinderschändern!

Daß Luther einen besonders guten Draht nach oben hatte, wird niemand bezweifeln. Aus dieser Erfahrung unterstellt er selbst dem lieben Gott Probleme mit unserem Land: »Ich fühle, wenn ich für mein liebes Deutschland beten will, daß mir mein Gebet zurückprallt und will nicht hinaufdringen.«

Und dabei, scheint mir, ist es geblieben.

Neues Geld

Das war er also: der größte Geldumtausch in der Geschichte der Menschheit. Und Sie und ich können sagen – wir sind dabeigewesen!

Nun haben wir endlich sicheres Geld.

Fälschungssicheres, davon waren die Experten jedenfalls überzeugt. Und staunten nicht schlecht, wie schnell die ersten perfekten EURO-Blüten auftauchten.

Von liebgewordenen Formulierungen mußten wir Abschied nehmen und sie entsprechend aktualisieren: »Wer den Cent nicht ehrt ...« oder »Ich muß jeden Euro zweimal umdrehen!«

Und in der Fleischerei gab es statt Mark- nun Euroknochen ...

In einer Szene unseres Kabarett-Programms haben Gunter Böhnke und ich die Besucher in jenen Tagen immer gefragt, wer den Euro wirklich haben will, der möge bitte die Hand heben. Von den über 250 Menschen im »academixer«-Keller meldeten sich durchschnittlich fünf bis fünfzehn Besucher.

Und da waren unsere drei Musiker schon immer mit dabei. Aber bei Musikern ist das nicht verwunderlich. Die muggen für jede Währung. Notfalls sogar für rumänische Lei.

Ich frag mich nur: Ist das nun wirklich die letzte Währung, die ich in meinem Portemonnaie habe? 40 Jahre bezahlte ich mit DDR-Mark, elf Jahre mit D-Mark, und wie lange werde ich nun den Euro aus der Geldbörse ziehen?

Manche meinen ja, der Euro wäre für die Ewigkeit.

Ewigkeit ...! Wenn ich das höre! Das hat schon manches System gedacht!

Ein Vorteil des Euro ist: Ich muß in vielen Ländern nicht mehr tauschen, wenn ich sie bereisen will. Sogar in Monaco, San Marino und dem Vatikanstaat kann ich mit dieser Währung bezahlen.

Das große Rußland, so hörte ich, interessiert sich überhaupt nicht für den Euro. Dort ist nach wie vor der Dollar die wichtigste Zweitwährung. Da haben wir also auf der einen Seite das Riesen-Rußland und auf der anderen Seite die mächtigen USA, und dazwischen leben wir Euro-Menschen. In einem Geschäft sagte ein Mann kurz nach dem Umtausch, als er das Geld auf den Zahlteller legte, es erinnere ihn stark an das Spielgeld aus einem Kaufmannsladen. Und er habe das Gefühl, der Euro wäre wohl bloß die Übergangswährung bis wir hier auch den Dollar bekämen …

Das wäre ja ein Ding.

Aber sagte dergleichen nicht schon Harry S. Truman im Jahre 1947?

»Das amerikanische System kann selbst in Amerika nur überleben, wenn es das System der ganzen Welt wird.«

An der Umsetzung dieser Drohung wird jedenfalls hart gearbeitet.

Bilanz und Ausblick

Was ist der Unterschied zwischen einer Bilanz und einem Ausblick?

Bilanzen kann man fälschen.

Dem Ausblick steht das noch bevor.

Wir Ostdeutschen haben ab 1990 jenen von Managern und Politikern häufig gebrauchten Satz verinnerlichen müssen: »Das rechnet sich nicht!«

Eine unerschütterliche Feststellung.

Der immer wieder gebrauchte Kernsatz für nicht lohnenswerte Objekte und Vorhaben. Ein Todesurteil. Heute sehe ich die Bedeutung dieses Satzes allerdings anders. Er ist eher die reale Bankrotterklärung vieler Spitzenmanager, die trotz Taschenrechner und Computer merken, daß sie eine bestimmte Rechenaufgabe nicht lösen können und deshalb aufgeben.

Unter Zwang oder freiwillig.

Noch nie haben die sogenannten »Nieten in Nadelstreifen« so viel in den deutschen Sand gesetzt wie 2002. Die Anzeigetafeln mit den gezeichneten Abwärtskurven mußten nach unten noch verlängert werden. Wir vergessen ja alle so schnell, deshalb hier ein paar ausgewählte Erinnerungen:

Zum Beispiel an Herrn Sommer ... Haben Sie sein zerknirschtes Gesicht noch vor Augen? Ich sage Ihnen eins: Für 11,6 Millionen Euro Abfindung, da würde ich mich aber ganz schnell abfinden, da könnte ich ein zerknirschtes Gesicht hinlegen, daß ich mit dieser schauspielerischen Leistung auf die Kandidatenliste für die »Goldene Henne« rücken würde!

Dabei stand der Mann am Tag seines Rücktritts vor

einem Schuldenberg von 64 Milliarden Euro. Ich meine, da muß man erst einmal hinauf! Wenn er nur die Hälfte an Schulden gehabt hätte, wäre sein Abschiedstaschengeld vermutlich noch reichlicher ausgefallen ...

Allianz-Chef Henning Schulte-Noelle warf sein blütenweißes Handtuch ebenfalls. Kaum hatte er die Dresdner Bank übernommen, da purzelten die Kurse der Allianz-Aktie. Schulte-Noelle verabschiedete sich in den Aufsichtsrat.

Wie gewonnen, so zerronnen.

Die Dresdner Bank, immerhin eins der Flaggschiffe im Land, hatte Gelder in Höhe von 30 Milliarden Euro auf Grund gesetzt. Der »Spiegel« sprach von einem »Kreditfriedhof«. Die Trauerfeier fand aus gutem Grund im engsten Kreis in aller Stille statt.

Erinnern Sie sich noch an Leo Kirch?

Auch einer der großen Verrechner. Er bemühte sogar in gespielter Demut den lieben Gott: »Der Herr hat's gegeben, der Herr hat's genommen.« Das wäre ja noch schöner, wenn der liebe Gott Leuten wie Kirch was geben würde. Dann würde ich sofort aus der Kirche austreten!

Auch Holzmann kam vom Holzweg nicht mehr runter: Pleite.

Und Babcock, der Oberhausener Maschinenbau- und Anlage-Konzern, fand sich ebenfalls ganz unten wieder. 400 Millionen Euro fehlten dem Unternehmen in der Kasse zum Weitermachen; mit Bilanzschiebereien hatte man sich einige Jahre über Wasser gehalten, bis den Herren dasselbe plötzlich bis zum Kragen stand. (Mißmanagement nennt man so etwas, dabei müßte es »Mister«management heißen ...)

Selbst das »Moorhuhn« versank im eigenen Sumpf. Phenomedia hatte es ausgebrütet. Es wurde auf dem Neuen Markt geschlachtet. Ein Blick in die Bilanzen zeigte Manipulationen. Das war in den vergangenen Jahren weltweit das liebste Hobby in einigen Managerkreisen: Bilanzen fälschen.

Der Kurs etlicher Unternehmen war dann auch hauptsächlich wieder mit voller Kraft der Konkurs, denn die Fachleute rechneten im darauffolgenden Jahr mit weiteren Pleiten. Es gibt noch Reserven! Seid verschlungen, Milliarden!

Der Pleitegeier kreist und kreist.

Und kein Jäger in Sicht!

Vom schönen Schein

Nein, jetzt soll es hier mal nicht um den EURO gehen. Ich möchte Ihnen etwas von einem Spezialgebiet unserer Gesellschaft erzählen: der Werbung. Die Blätter fegt der Wind nur im Herbst durch die Straßen, die Werbeblätter dagegen das ganze Jahr. Und so kleben vom Regen aufgeweichte Mallorca-Prospekte an der Hauswand und versprechen uns an trüben Tagen die Sonne.

Eigentlich habe ich nur eine Tageszeitung abonniert, aber ich erhalte täglich einen Packen Prospekte mit einer Zeitungsbeilage.

Ja, wenn die Jungen Pioniere noch kämen, um Altpapier zu sammeln; aber ich muß ja alles allein zum Container schleppen!

So stapeln sich wöchentlich die Angebote von Wurstsorten und Herrenbekleidung, Heimwerkerbedarf und Pizza-Service. Und die Post bringt mir auch noch so viel Glück ins Haus. Alle wollen nur mein Bestes: mein Geld.

Ein glückliches Schicksal wählt mich unentwegt aus, daß nur ich die limitierte Münze erwerben kann, nur ich die Chance des Superpreises ermöglicht bekomme, nur ich ein Etikett ablösen, auf eine Karte kleben und abschikken muß, um das Luxusauto oder die 50000 Euro zu gewinnen.

Ich bin das permanente Glückskind oder, um es anders zu formulieren: All diese Firmen denken oder hoffen, daß ich bissel blöd bin.

Warum ist die Werbung so dominant in unserem Leben?

Der Alltag ist voller schlechter Nachrichten.

Die Werbung ist die »gute Nachricht«.

Und so verkündet sie das Heil auf Ratenzahlung, die Erfüllung aller Wünsche und die Freiheit. Immer mehr religiöse Begriffe tauchen auf. »Halleluja«, rief es vor Weihnachten von einer Werbewand. Duftwässer heißen »angel« und »heaven«, also Engel und Himmel. Der Himmel ist käuflich.

Und eine süße braune Brause, die nichts weiter als das ist, mutiert zu einem weltumspannenden Kultgetränk. Wer es schluckt, ist quasi schon auf dem Weg in den siebenten Himmel.

Bei der Werbung lacht die heile Welt aus jedem Knopfloch. Und der lustige Großvater kennt keine Kreuzschmerzen.

Wenn es noch keine Sportler gäbe, hätte sie längst die Werbung erfunden, denn das sind, bevor sie irgendwo entlangrasen, erst einmal *die* Werbeträger. Und ihre Klamotten ähneln einem Firmenpatchwork.

Noch halten sich die Politiker zurück!

Aber das wird sich ändern!

Die Parteikassen lechzen in Wahlzeiten besonders nach klingender Münze. Und die Werbefachleute würden liebend gern die Anzüge und Kleider unserer Volksvertreter entsprechend kennzeichnen. Zur Zeit werben die Politiker lediglich unaufdringlich für ihren Zahnarzt. Sie zeigen ihr strahlendes Lachen, damit es die Herzen der Wähler öffnet. Das haben sie sich von den Managern abgeguckt, die sich neuerdings sogar die Zähne bleichen lassen.

Bleaching ist angesagt!

Das Gebiß wird zum Erfolgsfaktor!

Auch die Theater werden bei ihrem Finanzmangel nicht mehr lange Zurückhaltung üben können. Die Bandenwerbung der Stadien läßt sich bequem am Bühnenrand installieren.

Es gibt noch Reserven!

Viele Leute erregen sich über die Unterbrechung der Spielfilme bei den privaten Sendern. Also: Das finde ich nun wiederum in jeder Beziehung ausgesprochen hilfreich!

In der Zeit kann man auf die Toilette gehen, sich ein Bier aus dem Kühlschrank holen, die Hand eincremen oder das Buch fürs Bett bereitlegen und vielleicht sogar schon eine Seite darin lesen.

So nützlich kann wiederum mitunter Werbung sein!

Babel mitten unter uns

Sie kennen die Geschichte vom Turmbau zu Babel: Die Sprache der Menschen wurde wegen ihres Hochmuts von Gott verwirrt. Inzwischen schaffen die Menschen die Verwirrung ganz allein. Es täte not, an unseren Schulen ein Fach einzuführen, das die Kinder lehrt, ein ihnen unbekanntes Deutsch zu entschlüsseln. Denn noch immer sind sie nach ihrer Entlassung ins Leben den Formulierungen der Ämter hilflos ausgesetzt. Sollte ein Kind studieren, so können selbst hochintelligente Eltern beim Ausfüllen des Bafög-Antrages nicht helfen.

Dieses merkwürdige Deutsch gibt es überall: im Bundestag und bei der Bundesbahn. In Gebrauchsanweisungen und in Fragebögen des Finanzamts. Da lese ich zum Beispiel auf einem Formular von den *Feststellungsbeteiligten*. Ganz klar, das ist deutsch. Aber wer ist das? Was sollen Beteiligte feststellen? Oder *Lieferung von sicherungsübereigneten Gegenständen*. Was sind das für merkwürdige Gegenstände?

Besonders in der Juristerei werden Sie sofort über die Maßen fündig werden. Nehmen wir nur solch einen Begriff wie *Vorfälligkeitsentschädigung*. Ganz klar – jede Silbe stammt aus der deutschen Sprache, aber Sie brauchen einen Fachmann, um sich das aus dem Deutschen ins Deutsche übersetzen zu lassen.

Wir lesen in den Gesetzen von *Beitreibungssachen*. Haben Sie schon mal in einem Gericht gesehen, wie eine Sache durch die Gänge beigetrieben wurde?

Oder *Einvernehmensherstellung*. Klingt hier der Wunsch nach Harmonie an?

Ersatzvornahme: Welchen Ersatz kann man sich vornehmen? Der Trainer vielleicht einen Ersatzspieler?

Gebührenüberhebung: Hier käme mir eine Bedeutung bei der Post in den Sinn, wo man sich inzwischen leicht an den Gebühren überheben kann.

Ersetzungsbefugnis: Was könnte das bedeuten? Nimmt man die Wörter beim Wort, dann handelt es sich um jemanden, der die Befugnis hat, einen anderen zu ersetzen. Ein Chef vermutlich!

Oder bei der Telekom. Unlängst wählte ich eine Nummer, daraufhin sagte mir eine Stimme: *Eine Verbindung kann wegen einer geschlossenen Benutzergruppe nicht aufgebaut werden.*

Was ist denn eine geschlossene Benutzergruppe? Ein Geheimbund? Eine Loge? Die Freimaurer vielleicht?

Wieso wehrt sich die Benutzergruppe gegen eine Verbindung? Am nächsten Tag hörte ich wieder solch eine merkwürdige Formulierung: *Dienst- oder Dienstmerkmal* nicht möglich.

Das klang wie die Sprachmacke eines Roboters.

Mitunter bekommen Menschen in Institutionen ganz einfache Begriffe nicht mehr über die Zunge. Ein Beispiel: Büsche und Bäume am Straßenrand. Jedes Kind weiß, was gemeint ist. Ein Stadtplaner erfindet für diese natürlichen Gewächse dann den Begriff *Straßenbegleitgrün*.

Selbst in simplen Autohäusern trifft man auf Menschen, die nicht mehr in der Lage sind, Formulierungen, die sich über Jahrhunderte bewährt haben, zu benutzen. Der Mann, der mir nach der Reparatur den Autoschlüssel zurückgab, sah völlig normal aus, aber statt einer Rechnung überreichte er mir einen *Leistungserbringungsdatumsausweis*. Vor Schreck vergißt man dann, den zu bezahlen!

Beamte sprechen von *aufenthaltsbeendenden Maßnahmen*.

Was bedeutet das?

Damit meinen sie die Abschiebung von Ausländern.

Sogenannte Fachleute bezeichnen das Morden in Bürgerkriegen als *ethnische Säuberung. Sozialleichen* dagegen sind nicht etwa Kriegsopfer, sondern Menschen ohne Angehörige, die völlig mittellos gestorben sind, also dem Staat noch nach dem Tod zur Last fallen.

In den Chefetagen der Konzerne sagen die Manager statt Entlassung plötzlich *Personalentsorgung*. Peinlich! Schließlich sollen die Rausgeworfenen ja nicht in einem Container auf einer Deponie abgeliefert werden.

Sie sprechen von *Frühverrentung* und von *sozialverträglichem Frühableben*. Dabei wäre vor allem zu hoffen, daß diesem merkwürdigen »Gebabbel«, um einmal einen Begriff meiner Mutter zu benutzen, kein langes Leben mehr beschieden ist.

Was lieben die Deutschen?

Na klar: Fußball, Sport überhaupt. Grillen. Nein, nicht die kleinen Viecher, die sommers durch die Gegend zirpen, sondern Grillen als handfeste abendliche Fleischwendetätigkeit. Fernsehen natürlich, auch sehr beliebt, obwohl ich das immer weniger begreifen kann … Einkaufen … Was noch? Ja, es wird hin und wieder gelesen in Deutschland. Aber was auch immer auf einer Hitliste der Lieblingsbeschäftigungen steht – eine Tätigkeit fehlt in den Statistiken der Zeitungen. Sie taucht nie auf, obwohl sie in den letzten Jahren längst zum Volkssport aufgestiegen ist.

Was kann das sein?

Eine kleine Hilfe – mitunter wird dieses Hobby mit der Frage eingeleitet: »Brauchen Sie 'ne Rechnung?«

Richtig! Es geht um Betrug!

Eine große deutsche Illustrierte schrieb: »Deutschland wird zu einer Nation von Kleinkriminellen.« Starker Tobak.

Dabei hält sich der Osten im Verhältnis zurück. Die Diktatur steckt manchem noch in den Knochen. Die Justiz in der Demokratie schreckte nie genügend. Einzig beim Schwarzfahren liegen Ost und West prozentual gleichauf. Ich bekenne, als Student in den sechziger Jahren, also in der tiefsten DDR, auch mal schwarzgefahren zu sein. Aber natürlich nur, um den Unrechtsstaat zu schädigen.

Ganz vorn in der Statistik: Schwarzarbeit. Wenn alle Weißen, die in Deutschland schwarzarbeiten, über Nacht wie Schornsteinfeger aussehen würden – oh, so viele Schornsteine gibts hier gar nicht mehr!

Durch Schattenwirtschaft in der Sonne gehen dem Staat und den Sozialkassen Milliardenbeträge verloren. Wenn der Finanzminister darüber verfügte, müßte er nicht ständig nach neuen Geldquellen schürfen.

Jeder zweite Deutsche, behauptete die Illustrierte, klaut im Büro. Also *das* glaube ich nicht. Meine Frau ist arbeitslos, und ich arbeite zu Hause. Ich beklau mich doch nicht selbst!

In Mecklenburg-Vorpommern hatte sich bei einigen Leuten nach der Wende ein neues Hobby entwickelt. Autos wurden an östliche Schieber verkauft und später der Versicherung als gestohlen gemeldet.

Da muß man erst mal draufkommen!

Aber die haben da oben bei der hohen Arbeitslosigkeit viel Muße – denen fällt schon mal was Verrücktes ein, wenn ihnen der Tag lang wird.

In einer anonymen Umfrage gaben fast 70 Prozent der Menschen zu, das Finanzamt einmal betrogen zu haben. Übrigens: Menschen mit hohem Einkommen und hoher Bildung betrügen meist eher und vor allem noch in größeren Dimensionen.

Und auch geklaut wird reichlich im Land. In manchem Kaufhaus oder Laden ist der Schaden durch Diebstahl höher als der Gewinn.

Da gehört schon Mut dazu, trotzdem jeden Morgen die Tür wieder aufzuschließen.

So weit, so schlecht.

Aber wie kommt es, daß sich viele Deutsche plötzlich so danebenbenehmen. Eine Erklärung muß her. Und siehe da – was sagt ein altes Sprichwort: »Wie der Herre – so's Gescherre!«

Es lebe die deutsche Bananenrepublik! Korruption ist kein böses Wort mehr. Es gibt Tausende Fälle, in denen Beamte die Hand aufgehalten haben. Oder am besten gleich beide.

Wenn gescheiterte Manager Millionenabfindungen kriegen und unfähige Politiker nach kurzer Dienstzeit dicke Pensionen erhalten, kommt der kleine Mann eben auch mal auf eine Idee. Was ist dagegen eine Unterstützungszahlung, die erschwindelt wurde?

Harmlos. Peanuts.

Die Hemmschwelle sinkt. Und wenn immer mehr gegen die Norm verstoßen – dann ist es eben eines Tages nicht mehr abnorm!

Hat es Ihnen geschmeckt?

Liegt es an meinem Alter oder haben Sie diese Beobachtung auch schon gemacht? Die Essensportionen in der deutschen Gastronomie schlagen mir oft auf den Magen. Nicht in der Qualität, aber manche Gastwirte häufen die Teller viel zu voll. Man muß schon in ein sehr teures Feinschmeckerlokal gehen, um wenig (aber trotzdem genügend) auf den Teller zu bekommen.

Die Größe der Portionen schlägt sich natürlich auf den Preis nieder, und so ist die Fülle umsatzmäßig im Sinne der um ihre Existenz kämpfenden Gastronomen. Aber sie ist auch ein kräftiger Beitrag zur Stabilisierung des Übergewichts in Deutschland. Denn so mancher beherzigt die Volksweisheit: »Lieber sich den Bauch verrenkt, als dem Wirt etwas geschenkt!«

Und wie viele Bäuche durch Deutschland schwabbeln, das können Sie täglich in Augenschein nehmen ... notfalls am eigenen Leib.

Unlängst wollte ich nur einen Happen essen und bestellte in einem Dresdner Lokal einen kleinen Salat. Ich fragte extra die Kellnerin, ob er wirklich klein sei. Als sie ihn servierte, war mein Gegenüber hinter dem Grün verschwunden. Und mindestens die Brüste dreier Puten waren darin in Streifen zerlegt. In Zwickau wollte ich vor einer Lesung ebenfalls eine Kleinigkeit zu mir nehmen und entschied mich im Hotel für einen Lachs-Sesambagel. Daheim hätte ich auf jede Hälfte des Bagels eine Scheibe Lachs gelegt – das wär's gewesen. Nicht so in jenem Restaurant, wo zwischen die Bagelhälften ein halbes Pfund Lachs aufgeschichtet war und die obere Hälfte allmählich das Gleichgewicht verlor und von der Masse abzurutschen drohte.

Ein andermal bestellte ich am späten Abend zum Rotwein ein Käsebrot und meinte natürlich auch *ein* Käsebrot. Auf dem angeschleppten Holzbrett tummelten sich sechs verschiedene Sorten, und ich hätte auf der Scheibe Brot einen Käseturmbau zu Babel errichten können.

Aber weil ich mich nicht von unbekannten Köchen nötigen lasse, zwing ich mir weder überflüssigen Lachs noch Käse rein, muß für solch sinnlosen Überfluß jedoch löhnen. Als ich der Kellnerin sagte, daß auf dem Bagel zuviel Lachs sei, lächelte sie mich milde an, der Käsekellner zuckte lediglich mit den Schultern.

»Hat es Ihnen geschmeckt?« heißt die berühmte Floskel, die von den Servierkräften gebetsmühlenartig wiederholt wird. Das gehört sich so in diesem Land.

»Ja, aber es war zuviel!«

Wie oft wird täglich in Deutschland so auf diese Frage geantwortet? Die Kellnerinnen und Kellner nehmen den Satz lächelnd zur Kenntnis und kippen bis ans Ende ihrer Tage die Reste in den Müll.

Verbraucher

In meiner Kaufhalle, die natürlich ein Supermarkt ist, aber manch alter Begriff klebt einem noch im Kopf, also in jenem Gebäude sah ich einen Kunden, der sich im Regal die Joghurtsorten betrachtete. Als zufällig ein Mann in einem weißen Kittel an ihm vorüberging, sagte er: »Entschuldigung ...«

»Ja, bitte?«

»Können Sie mir sagen, ob im Lager vielleicht noch Mokkajoghurt vorrätig ist?«

»Das weiß ich nicht.«

»Könnten Sie nicht einmal nachsehen.«

»Ich fürchte, das wird man nicht gern haben, wenn ich im Lager nach Ihrem Mokka-Joghurt suche.«

»Wieso denn nicht?«

Nun lächelte er den Kunden an. »Ich bin Arzt. Ich kaufe hier auch nur schnell etwas ein.«

»Ach so ... Entschuldigung, Herr Doktor ... und ich dachte ... Entschuldigung ... pardon ...« Er wollte weitergehen, drehte sich dann aber doch noch einmal um und fragte: »Was sind Sie denn für ein Arzt?«

»Facharzt für Inneres.«

»Also auch Magen/Darm ...«

»Ja«, und nun lächelte der weiß Bekittelte wieder. »Aber auch wenn Sie Ihre Chipkarte mithaben, müßten Sie schon in meine Praxis kommen.«

Der Kunde ließ sich dadurch in seiner Rede nicht abschmettern.

»Ich habe tatsächlich gewisse Störungen in diesem Bereich. Mal ja, mal nicht. Diffuse Beschwerden. Vielleicht nur der Streß?«

»Möglich.«

»Funktionell, wie Sie sagen.«

»Sie sagen es.«

»Ich hoffe ja, daß es nichts Organisches ist. Ich setze mich auch bei entsprechenden Beschwerden immer gleich auf Diät.«

»Das ist schlecht.«

»Wieso ist das schlecht?«

»Weil Sie dann den Aufschwung sabotieren.«

»Was?«

»Der Verbraucher hat in unserem System eine hohe Verantwortung. Er hat das Zeug dazu, das Land in eine elementare Wirtschaftskrise zu stürzen.«

»Wie meinen Sie denn das?«

»Nun, das Wichtigste, was der Mensch besitzt, ist der Magen. Er wird ihm nur einmal gegeben. Mit ihm hat er quasi das Mittel zur Hand, um die Produktion wieder anzukurbeln ...«

»Und dazu brauchen Sie meinen Magen? Hören Sie mal, gerade Sie als Arzt müßten doch wissen, daß zuviel Essen ...«

»Ich als Arzt sehe mich absolut als Verbündeter des Wirtschaftswachstums. Meine Pflicht ist, den Menschen so schnell wie möglich wieder für den Konsum fit zu machen. Jede Diät schadet dem Land.«

»Jede Diät ... Und das sagen Sie als Arzt?«

»Überlegen Sie doch mal, wenn nur zehn Prozent der Bevölkerung in Deutschland Diät halten würden. Wenn sich also acht Millionen Menschen tagelang von Pfefferminztee und Zwieback ernähren würden, das wäre eine Kriegserklärung an unser System.«

»Das gibt's doch nicht, gerade Sie als Arzt wissen doch, daß Übergewicht ... und überhaupt: Es gibt doch nicht nur das Fressen. Es gibt ja auch noch die Kultur ...«

»Kultur! Wissen Sie, was eine Kulturleistung ist?« Und nun zeigte er auf die diversen Regale ringsum. »Zwanzig

Sorten Dressing, dreißig Sorten Konfitüre, vierzig Sorten Wurst! Die Welt, mein Herr, ist eine einzige Speisekarte! Sehen Sie sich hier um: ein Ozean der Appetite. Paradiesisch.«

»Und wo bleibt das Geistige? Kunst und Philosophie?«

»Philosophie! ... Nietzsche, was?! Wenn du zum Weibe gehst, vergiß die Peitsche nicht!« Nun lächelte er den Kunden zweideutig an: »Und wenn man hinkommt, hat sie schon eine! Nein, nein! Eine Faust-Inszenierung, ein Chagall, ein Gedanke von Schopenhauer haben die Wirtschaft doch nicht einen Schritt vorangebracht. Nur der Konsument! Nicht umsonst sagt man: Ein Konsument, wie stolz das klingt.«

»Also, das ist ja unmöglich! Aber die Mehrheit der Menschen ...«

»Die Mehrheit? Mein Herr! Die Mehrheit ist längst – wie ein kluger Mann sagte – zur glaubenslosen Internationale der Endverbraucher übergetreten. Der Rest sind unbedeutende Splittergruppen: Bibelforscher, Atomkraftgegner, Kabarettbesucher. Nur als Verbraucher trifft doch der Mensch in diesem Land *wirklich* Entscheidungen: Mokka-Joghurt und nicht Himbeere! Heilbutt und nicht Lachs! Chianti classico und nicht Rheingau!«

»F6 und nicht Marlboro! Den Zigarettenverbrauch finden Sie wohl als Arzt auch noch gut?«

»Jährlich sterben über hunderttausend Menschen vor ihrer Zeit an tabakbedingten Krankheiten. Wenn die alle das Rauchen aufgeben würden – das würde unser Rentensystem nicht überleben!«

Da helfen keine Pillen

Allerorten hört man es und kann es schon längst nicht mehr hören: Unser Gesundheitswesen ist krank, es geht am Stock. Nur eine Branche stößt sich nach wie vor daran gesund: dic Pharmaindustrie.

Viele Milliarden geben die gesetzlichen Krankenkassen jährlich für Medikamente aus. Die Pharmaindustrie hilft Menschen tatsächlich durch kompliziert ertüftelte Heilmittel wieder auf die Beine, löst aber kurioserweise solch einfache Aufgaben wie die Herstellung kleinerer Packungen bis zum heutigen Tage nicht. Deshalb werden jedes Jahr Medikamente für Abermillionen weggeworfen. Das ist denen doch Wurscht! Verbrauch ist alles!

In unserem kränkelnden Land werden derzeit – mit Ihrer entsprechenden Zuzahlung – die Kosten für 50000 Arzneimittel von den Kassen erstattet. Wer soll in dem Tabletten-, Tropfen- und Salbendschungel noch durchblicken! Da braucht selbst der Arzt erst einmal eine Beruhigungspille!

Der »Stern« schrieb, daß die Pharmabranche in Marketing und Vertrieb doppelt soviel investiert (über zehn Milliarden Euro!) wie in Forschung und Entwicklung.

Hauptsache, das Zeug kommt unter die Leute!

Nun sollte ja eine Positivliste im Gesundheitsministerium herauskommen. Kam sie? Dann blieben noch 20000 Medikamente übrig.

Die Schweden haben 3500. Und Sie werden es nicht glauben: Die Leute leben noch!!!

Will man erfolgreich sein, muß bekanntlich der Markt wachsen. Für diese Branche ist das etwas schwierig, denn die Pharmaindustrie müßte, um zu expandieren, neue Krankheiten erfinden.

Das ist schwierig.

Leichter ist, die Zusammensetzung von Medikamenten geringfügig zu verändern und sie mit neuen Namen zu versehen.

Die preisen dann die Pharmareferenten (also die Vertreter für Medikamente) dem Arzt an, erwerben mitunter auch seine Gunst durch kleine Geschenke bis hin zu Pseudo-Weiterbildungen in landschaftlich reizvollen Gegenden.

Das Problem der Pharmaindustrie sind lediglich jene Menschen, denen nichts fehlt!

Welch ein Markt!

Das ist die Aufgabe der Zukunft: gesunden Menschen ein Medikament einreden, das sie gar nicht brauchen!

Wetten, daß die das schaffen?!

Der Schönheitsschnitt

Ein Messer kann durchaus auch die Schönheit befördern. Sie ahnen, von welchem Messer hier die Rede sein soll. Es geht um jenes blitzende scharfe Instrument, daß man Skalpell nennt, aber mit dem niemand auf Ihren Skalp aus ist. Lediglich mit einem Schnitt in Ihr Portemonnaie wird man sich nach getaner Arbeit verabschieden. Mit diesem metallenen Instrument soll Ihnen, so Sie es wollen, zu besserem Aussehen verholfen werden. Die Deutsche Gesellschaft für Ästhetisch-Plastische Chirurgie schätzt, daß in der Bundesrepublik jährlich etwa 400000 Schönheitsoperationen durchgeführt werden.

Magere 15 Prozent davon bei Männern.

Wir haben das eben nicht nötig oder haben einfach mehr Angst davor ...

Nach einer Umfrage ist jede dritte Frau in Deutschland mit ihrem Erscheinungsbild unzufrieden. Deshalb heißt die Parole: »Ein neues Körperdesign oder Nichtsein«.

Schönheit hat als Naturwunder ausgedient – das Aussehen ist operabel ... denken immer mehr.

Wo die Natur geschlampt hat, muß das kleine scharfe Messer nachhelfen! Wo Fettpolster die Figur verhunzen, wird abgesaugt!

Bis auf Cholesterin- oder Leberwerte sind innere Werte heutzutage uninteressant. Gut aussehende Menschen kommen schneller voran, erklimmen die Karriereleiter leichter. Das bestätigen sogar Psychologen.

Der Natur wird ins Handwerk gepfuscht, und so sieht es dann manchmal auch aus. Es gibt nicht nur Experten unter den Schönheitschirurgen. Kosmetische Korrekturen bringen schnelles Geld, aber nicht immer die gewünschten Resultate, und deshalb müssen anschließend die Korrekturen korrigiert werden …

Immer öfter wird die Haut dekoriert. Zu keiner Zeit haben so viele Menschen freiwillig Schmerzen ertragen, um sich piercen oder tätowieren zu lassen. Noch nie wurde das Sprichwort: »Wer schön sein will, muß leiden!« so kraß Realität wie in unserer Zeit.

Her mit dem Waschbrettbauch und dem Silikonbusen!

Weg mit den Besenreisern in der Kniekehle!

Noch eine Weile hin, und wir werden keine 60jährige Oma mehr mit Falten finden. Höchstens in einem alten Film.

Wie sagte die Hollywood-Diva Mae West seinerzeit so schön?

»Älterwerden ist nichts für Feiglinge.«

Also: Versuchen wir, mutig zu sein.

Der Zahn der Zeit

Der Besuch beim Zahnarzt geht nicht nur auf den Nerv, sondern neuerdings auch kräftig an den Beutel: Brücken, Kronen, Prothesen – alles wurde aus dem Katalog der Krankenkassen herausgenommen. Und das Ganze nennt man dann schlicht »Gesundheitsmodernisierungsgesetz«.

Dieses hübsche Wort führt in die Irre, denn es wird nicht die Gesundheit modernisiert, sondern der Gesetzgeber sorgt dafür, daß wir beim Zahnarzt trotz steigender Kassenbeiträge tiefer in die eigene Tasche greifen müssen.

Die Alternative wäre: Mut zur Lücke! Oder man läßt sich die dritten Zähne von den Kindern zu Weihnachten schenken. Ob die allerdings bereit sind, für Vater oder Mutter so viel Geld auszugeben ... da hab ich doch meine Zweifel.

Früher gab es Leute, die gingen aus Angst vorm Zahnarzt nicht zum Zahnarzt. Nun gehen welche aus Angst vor der Rechnung nicht hin.

Vielleicht zieht eines Tages wieder – wie Anno dazumal – der Barbier die Zähne? Zu Dumpingpreisen.

Mein Zahnarzt sagt, so schlimm werde es schon nicht kommen; der Zahnarzt meiner Frau sagt, es könnte noch schlimmer kommen.

Wem soll man glauben?

Ich sage Ihnen jedenfalls eins: Wenn der erste deutsche Kanzler mit einer Zahnlücke vor die Kamera tritt, dann, liebe Leserinnen und Leser, hat man es mit dem Modernisieren der Gesundheit augenscheinlich übertrieben!

Über das merkwürdige Denken im Finanzamt

Soll ich Formulare ausfüllen, bin ich genervt, erst recht, wenn sie vom Finanzamt auf meinen Schreibtisch flattern. Die Menschen, die dort ihrer bestimmt nicht immer einfachen Tätigkeit nachgehen, haben über die Zeiten völlig andere Denkstrukturen entwickelt. Die Kommunikation mit den Steuerzahlern wird dadurch immer schwieriger. Menschen im Finanzamt sind – durch ihren Beruf geschädigt – mitunter nicht mehr in der Lage, einfachste Zusammenhänge herzustellen.

Zum Beispiel war in einem Formular die mich erheiternde Frage formuliert: »Welche Tätigkeiten werden im Arbeitszimmer ausgeführt?«

Ja, was soll ich denn als Autor im Arbeitszimmer machen? Dreisprung? Sackhüpfen? Salsa tanzen? Also schrieb ich ins Formular: »Hinsetzen, denken, schreiben«.

Dann wollten die Beamten wissen, was im Arbeitszimmer steht.

Ja, was soll denn dort stehen?

Mein Mountainbike? Eine Heimsauna? Ein Sandkasten?

Ein Freund klärte mich auf, daß in diesem Raum zum Beispiel kein Kleiderschrank mit persönlichen Kleidungsstücken stehen darf.

»Und unpersönliche?«

»Wie meinst du das?«

»Darf im Arbeitszimmer ein Schrank stehen, in den ich beispielsweise den unpersönlichen Mantel eines Besuchers hänge, der mit mir über einen Auftritt verhandelt?«

Mein Freund war überfordert.

»Und angenommen, ich würde bei meiner Arbeit einen Arbeitsmantel tragen. Dürfte ich dieses persönliche Kleidungsstück, wenn es im Zimmer zu warm ist, in den Schrank hängen?«

Mein Freund wiegte den Kopf.

Die Mitarbeiter des Finanzamtes scheinen mir allerhand künstlerisches Geschick zuzutrauen, denn sie erbaten sich von mir eine Skizze meines Arbeitszimmers!

Nun bin ich kein van Gogh, Corinth oder Rauch. Also, ich selbst wäre nicht scharf auf eine Skizze von mir, aber im Finanzamt scheint es viele kunstinteressierte Menschen zu geben. Gut, dachte ich, sie sollen ihren Willen haben. Die Forderung brachte mich jedoch gleich in große Bedrängnis. An den Wänden hängen bei mir viele Bilder. Sollte ich nun mit meiner mangelhaften Zeichenkunst versuchen, das dort Abgebildete laienhaft wiederzugeben. Wie sähe das aus? Die Skizzen ähnelten dann denen eines Kindes im Vorschulalter. Da kämen doch im Finanzamt Zweifel auf, wie ich – derart zurückgeblieben – überhaupt Geld verdienen kann. Und wo kommt denn mein Geld dann eigentlich her ...?

Eine andere Frage quälte mich: Müßte ich in diese Skizze meines Arbeitszimmers auch Kleinmöbel einzeichnen? Zum Beispiel eine Hitsche, die ich benötige, um an die oberen Fächer meines Bücherregals zu gelangen? Und nun wissen Sie auch als Nichtsachse, daß es sich bei einer Hitsche um einen kleinen Tritt handelt, den ich in anderer Form dem zusammengerollten Formular gern gegeben hätte.

Apropos »zusammengerollt«. Ich nenne eine stattliche Skoliose mein eigen. Deshalb hat mir die Orthopädin empfohlen, nach einer gewissen Zeit des Sitzens meinem Kreuz diverse Übungen angedeihen zu lassen. So absolviere ich täglich die sogenannte »Rückenschule«, ohne mich dafür aus dem Haus zu begeben. Zu diesem Behufe rolle ich eine Gymnastikmatte in meinem Arbeitszimmer (!) aus, auf der ich meine rückseitigen Muskeln durch diverse Bewegungen stärke.

Darf ich die Matte überhaupt im Arbeitszimmer ausrollen?

Für mich ist das knochenharte *Arbeit*, aber wie sieht das Finanzamt solcherlei Bewegung?

Ich hörte von meinem Freund, daß sich im Arbeitszimmer prinzipiell keine Liege befinden darf! Demnach dürfte ich dort logischerweise auch nicht liegen!

Mein Freund meinte, er sei sicher, daß ich nach Ansicht des Finanzamtes einen anderen Raum in der Wohnung aufsuchen müßte, um meine Übungen zu absolvieren.

Und das soll Demokratie sein? In meiner eigenen Wohnung kann ich nicht bestimmen, wo ich mich der »Rückenschule« hingebe?

Dafür bin ich im Herbst 1989 nicht auf die Straße gegangen! Einschränkung der Persönlichkeitsrechte nenne ich das und werde es dem Finanzamt aufs Formular schreiben. So was haben sich ja nicht mal die Kommunisten getraut!

Foto aktuell

Unter dieser Überschrift fand ich im P.M.-Magazin ein 5,7 mal 5,5 cm großes Foto. Der Marsroboter Spirit hatte es zur Erde gefunkt.

Im Vordergrund des Bildes, im unteren Fünftel, sah man dunkles Marsland. Der kurze Text informierte, daß als kleiner weißer Ball gerade hinter dem Krater Gusev die Sonne versank. Da der Mars etwa anderthalbmal so weit von der Sonne entfernt ist wie die Erde, erscheint unser Zentralgestirn von dort aus gesehen sehr viel kleiner als aus der Erdperspektive. Am Himmel war bläuliches Licht zu sehen. Die Dämmerung dauert auf dem roten Nachbarn länger als bei uns, da Staub in dessen Hochatmosphäre die Sonnenstrahlen reflektiert.

Das ist doch unglaublich: Dieses Foto vom Mars betrachte ich im Jahre 2005 in meinem Arbeitszimmer im Leipziger Süden!

Und ich dachte plötzlich daran, daß es für meinen Vater unvorstellbar gewesen wäre, jemals in seinem Leben ein Foto vom Mars zu sehen. Er starb 1957 an Krebs. Inzwischen sind 50 Jahre vergangen, trotzdem besitzen wir noch kein entscheidendes Medikament zur Bekämpfung dieser Krankheit. Allein in den letzten zwölf Monaten raubte der Krebs in meinem Bekanntenkreis drei Menschen zwischen 53 und 60 Jahren das Leben.

Mir drängt sich der Gedanke auf, daß wir bei der Erforschung des Weltalls irgendwie schneller vorangekommen sind.

Die Trittsteuer

Die Zeiten werden immer schwieriger. Und unser Staat braucht dringend Geld. Dringend! Ist ja auch logisch, jeder Mensch braucht Geld, erst recht ein Staat.

Neue Abgaben werden auf uns zukommen, und wir können nicht beiseite treten.

Ich habe eine Idee für eine Steuer, die unserem Staat eine Menge Geld bringen würde. Eine Menge! Aber ich posaune das natürlich nicht in die Welt hinaus. Nur Ihnen erzähle ich davon. Es geht … um die Trittsteuer.

Wie ich das meine?

Tritt kommt bekanntlich von »treten«. Jeder Autofahrer bezahlt eine Steuer, weil er Straßen benutzt. Warum sollte also ein Fußgänger nicht eine Steuer bezahlen, weil er Fußwege betritt! Nun werden Sie fragen, wie man das berechnen soll?

Erst einmal durch die Schuhgröße! Wer auf großem Fuß lebt, mehr Fläche beansprucht, soll natürlich mehr zahlen. Zudem könnte das unmäßige Essen mancher Leute bestraft werden, denn ein weiterer Gesichtspunkt wäre das Gewicht. Für einen Zehn-Tonner bezahlen Sie ja auch eine höhere Autosteuer als für einen Minicooper.

Gemessen werden die zurückgelegten Strecken durch einen Schrittzähler am Schuh, der täglich in der Horizontalen Ihre Schritte registriert. Wenn Sie eine Ebene verlassen, also Treppen steigen, schaltet sich das Gerät automatisch ab.

Hostessen überwachen den Schrittverkehr und verteilen entsprechende Schuhknöllchen, wenn jemand den Schrittzähler nicht angelegt hat.

Überlegen Sie mal, was da reinkommt!

Millionen zahlen auf Schritt und Tritt!

Negativ wäre, daß die Hartz-IV-Empfänger dann an jedem Schritt sparen könnten – das würde zu Bewegungsarmut führen … Menschen am Existenzminimum sollte man deshalb einen Tritt-Zuschlag geben. Aber denken Sie vor allem an die Kauflustigen in den Fußgängerzonen, an die wohlhabenden Flaneure und Nachtschwärmer – die könnte man dann ordentlich abkassieren. Was meinen Sie, was da allein an einem Tag auf der Reeperbahn zusammenkäme!

Sportler müßten natürlich von dieser Steuer befreit werden. Marathon würde sonst unbezahlbar!

Auch Schüler, Studenten und Rentner brauchten nichts zu zahlen.

Die Regierung wäre meiner Meinung nach an diesem Vorschlag sehr interessiert, denn Demonstrationen würden schlagartig nachlassen! Und da ist ja wohl künftig einiges zu erwarten.

Wenn ich es mir so überlege … vielleicht sollte ich mir die Idee doch patentieren lassen und gegen einen kleinen Obolus der Führung unseres Landes verkaufen …?

Ich meine … zehn Prozent von allen Einnahmen wäre ja nicht schlecht … Sie denken, die würden einen Privatmann nicht an einer Steuer beteiligen?! Ach wo, bei der Vereinigung Deutschlands wurden Privatmänner an ganz anderen Sachen beteiligt!

Das wär der Hit, auf Schritt und Tritt kassier ich mit!

Zurück ins Deutsche Reich

Als ich voriges Jahr einmal die Treppen zum Amtsgericht in der Bernhard-Göring-Straße hochstieg (nicht etwa, um vor Gericht zu erscheinen, sondern nur, um in der dortigen Kantine einen Imbiß zu nehmen), kam mir ein Mann lächelnd entgegen. Ich hatte den Eindruck, er würde mich kennen und gleich grüßen. Er trug Mantel und einen dunklen Anzug, eine schwarze Fliege unterm Kragen. Ich hielt ihn für einen Rechtsanwalt oder Justizbeamten. Als er im Begriff war, den Mund zu öffnen, sagte ich im selben Moment »Guten Tag«, und wir gingen aneinander vorbei. Danach stutzte ich, blieb stehen und fragte mich: Hatte ich jetzt richtig gehört?

Ich wiederholte seinen Gruß in Gedanken ... Tatsächlich, der akkurat angezogene Mann hatte mich eben mit »Heil dem Deutschen Reich« gegrüßt!

Was war das denn für einer?

War er vielleicht gerade im Gericht gewesen, weil er zu einer Verhandlung erscheinen mußte?

Ich recherchierte ein wenig und fand heraus, daß ich einem Vertreter der DR-Bewegung begegnet war. DR steht hier nicht etwa für Deutsche Reichsbahn, sondern für Deutsches Reich; es geht um jenes Territorium in den Grenzen bis 1937. König Heinrich I. (919–936 ... ist also schon sehr lange her) unterwarf die Stammesherzöge und gilt deshalb als Gründer des Deutschen Reiches. Otto I. sicherte dem Reich die Kaiserkrone und schuf das »Heilige Römische Reich Deutscher Nation«, das formell bis 1806 bestand. Dann kam Monsieur Napoleon mit den Seinen, und Kaiser Franz legte in jenem Jahr die deutsche Kaiserkrone nieder. Wohin er sie genau gelegt hat, kann ich Ihnen leider nicht sagen, aber ich würde mal vermuten, daß er sie auf ein Samtkissen bettete, damit sie nicht Schaden nehmen könnte. Dann kam erst wieder Bewegung in die Sache, als wir Napoleon aus Leipzig jagten, das heißt … bei »wir« muß ich uns Sachsen ausblenden, da wir leider – vielleicht weil wir die lockere französische Lebensart mögen – auf der falschen Seite gekämpft haben. Schließlich schuf Bismarck nach dem Sieg über Frankreich (da waren dann die Sachsen wieder mit dabei, wie auch leider bei den zwei folgenden Kriegen) das Zweite Deutsche Kaiserreich.

Der Mann, der mir im Gericht entgegenkam, der hält quasi die Entstehung der Bundesrepublik nach dem Zweiten Weltkrieg für ein staatsrechtliches Provisorium. Juristisch ist die Sache tatsächlich ziemlich schwierig. Er steht jedenfalls mit seiner Meinung im Land nicht allein da.

Die Anhänger des Deutschen Reiches haben inzwischen eine deutsche Parallelgesellschaft geschaffen. Sie besitzen sogar eigene Ausweise, Bescheide, Urkunden und Führerscheine! Ich möchte das Gesicht des Polizisten sehen, dem bei einer Verkehrskontrolle ein »Reichsführerschein« unter die Nase gehalten wird.

»Was ist denn das?!«

»Mein Führerschein des Deutschen Reiches.«

»Zeigen Sie mal Ihren Ausweis.«

Nun holt der Mann ein Dokument aus der Tasche, das unserem Uniformierten noch nie vor die Augen gekommen ist.

»Und was … was soll denn das sein?!«

»Mein Ausweis des Deutschen Reiches.«

Bei dem – trotzdem noch – besonnenen Polizisten steigt der Blutdruck, er beherrscht sich aber und nimmt den Reichsbürger zur Feststellung der Identität mit auf die Wache.

Wie ich erfahren habe, verlaufen allerdings die Anzeigen wegen Urkundenfälschung alle im Sande des Deutschen Reiches und die Verfahren wurden eingestellt.

Warum?

Ganz einfach: Die »Dokumente« sind zur Täuschung im Rechtsverkehr nicht geeignet, denn diese Herren (und vermutlich auch Damen) stellen ja etwas her, was es nicht gibt. Man kann nicht für Phantasieausweise bestraft werden, sondern nur für Fälschungen von tatsächlich existierenden Dokumenten.

Aber die Sache spitzt sich noch zu. Wußten Sie, daß wir in Deutschland neben Angela Merkel noch mindestens zwei weitere Kanzler haben?

Nein? Dann lesen Sie folgendes aus einer Regierungserklärung: »Ich, der Kanzler des Deutschen Reiches, und wir, die Regierungsbeauftragten, d.h. wir alle, die vom Volk Gewählten, beauftragt, die Regierungsgeschäfte des Landes wahrzunehmen, haben diesen Auftrag angenommen, um nach bestem Wissen und Gewissen diese Heimat zu organisieren, ihr Ansehen in der Welt zu mehren und Schaden von ihr abzuwenden ...«

Das kommt einem ja alles nicht so unbekannt vor, was da Florian Davidis, Kanzler des Deutschen Reiches, von sich gibt.

Aber wer hat ihn gewählt?

Die Wahl muß so geheim gewesen sein, daß wir es gar nicht erfahren haben!

Was den Zeitplan zur Schaffung des Deutschen Reiches anbetrifft, so meint er: »Zeit ist ein individuelles Kontinuum der Entwicklung ... Entwicklung passiert in Bruchteilen einer Sekunde oder in Jahren. Zahllose Vorhersagen scheiterten. Versuche von Vorausbestimmungen schlugen fehl ... Es wird zu erwarten sein: Vieles wird schneller gehen, als wir darauf vorbereitet sind, schneller, als wir es vermuten, und sogar schneller, als wir es befürchten oder erhoffen.«

Also, was immer Kanzler Davidis hier meint – ich habe das Gefühl, daß er im Prinzip nicht unrecht hat.

Seine Regierungserklärung schließt mit dem Satz: »Es

wird sich in Deutschland wieder lohnen, ehrlich und aufrichtig zu sein – eben germanisch.«

Was ist »germanisch?«

Im Internet fand ich noch eine Amtliche Bekanntmachung des Reichskanzlers Dr. h. c. jur. Wolfgang Gerhard Günter Ebel. Er erhielt in Österreich im Jahre 2004 die Ehrendoktorwürde der Rechtswissenschaften, und in diesem Stil ist auch seine Proklamation verfaßt. Juristendeutsch zu entschlüsseln ist nur wenigen Menschen gegeben.

Wer hat den nun wieder gewählt?

Deutschland scheint von einem Netzwerk geheimer Wahlen überzogen zu sein! Es stellt sich heraus, daß wir mehrere kommissarische Reichsregierungen haben, eben, weil das Deutsche Reich juristisch nie untergegangen ist. Alle haben eins gemeinsam: Sie stellen die Legitimität der Bundesrepublik in Frage.

Und *das* ist doch wirklich ein dicker Hund.

Sind wir ein Volk?

Und plötzlich mußten die Ost- und Westdeutschen miteinander klarkommen, weil es die Geschichte so entschieden hatte. Aus dem Westen kamen allerdings bald, nachdem die Tränen über den Mauerfall aus den Augen gewischt waren, die ersten Vorwürfe: Jeder, der in der DDR geblieben war, habe sich letztlich mit dem System arrangiert, sich angepaßt. Schließlich tauchte gar die böse Formulierung auf: »Ein Volk von Tätern«.

Damit sollte deutlich werden, daß die Westdeutschen das alles nicht mitgemacht hätten.

Mir sagte ein Westdeutscher, den ich nach der Kabarettvorstellung in unserer schönen Kneipe im »academixer«-Keller kennengelernt hatte: »Wenn ich in der DDR gelebt hätte, da wäre ich nur im Knast gewesen.«

Respekt! Ein Mann mit Mut. Und Charakter.

So manch einer bei uns hatte sich die Jahre nach der Vereinigung leichter vorgestellt. Eine Illusion! Im nachhinein weiß man vieles besser.

Dabei hätte ein Blick in die Geschichte uns lehren können, welche Unwägbarkeiten vor uns lagen. Schon viele hatten sich um das Miteinander in Deutschland Gedanken gemacht, lange vor dem Mauerfall.

In dem Buch »Veruntreute Geschichte« von Milan Dubrovic las ich von einem bayerischen Journalisten. Dieser Max Kolmsperger suchte 1944 Kontakt zu antinazistischen Kreisen in Wien. Seine These zur Zukunft Deutschlands ist im Buch folgendermaßen formuliert: »Der Krieg gehe verloren, darüber gebe es keinen Zweifel. Die Teilung Deutschlands sei beschlossen. Nun bestehe die Gefahr, daß man das Land zwischen Westen und Osten aufteilen werde.

Dies habe keinen Bestand und berge die Gefahr eines Dritten Weltkrieges in sich. Richtig wäre die Teilung: protestantischer Norden und katholischer Süden, daneben ein autonomes Rheinland. Der Limes sei immer noch bestimmend: also Zusammenschluß Österreichs mit Bayern, Südwürttemberg und dem Breisgau, der ja länger als ein halbes Jahrtausend zu Österreich gehört habe und erst im vorigen Jahrhundert Deutschland einverleibt worden sei. Diese Art der Teilung würde bestimmt tausend Jahre halten.«

Sie sehen, es hätte ganz anders kommen können!

Und das wäre gar nicht so illusorisch gewesen, denn Dubrovic schreibt weiter: »Kolmspergers Plan einer Nordsüdteilung Deutschlands bezog sich auch auf Churchill, der sich dafür einsetzte, daß bei der Rückeroberung Europas die alliierten Truppen in Griechenland landen sollten, um Mitteleuropa vor der Einverleibung in den sowjetischen Machtbereich zu bewahren.«

Die Frage ist, was dann überhaupt mit Norddeutschland geschehen sollte. Darauf hatte Kolmsperger eine recht makabre Antwort: »Was mit die Preissen g'schieht, ist mir egal. Die solln froh sein, daß man nicht die Dämme sprengt und die Nordsee an den Böhmerwald grenzen läßt, wie es bereits Shakespeare vorausgeahnt hat.«

Was hatte denn Shakespeare gegen die Norddeutschen?

Ein Freund, der in der Nähe von Hannover wohnt, erzählte mir, wie Bekannte reagierten, als Stoiber für die Wahl zum Bundeskanzler kandidierte: »Den Bazi wollen wir nicht!« Nach Gründen zu fragen ist zwecklos, das bedarf keiner Begründung. Es geht nicht um Stoiber. Es geht um den »Bazi«.

So zeigt sich, was wir Ostdeutschen völlig vergessen hatten: daß es nicht nur einen Ost-West-Konflikt gibt, sondern auch einen zwischen Nord und Süd.

Ich fuhr 2005 mit meiner Frau nach Weinsberg nahe Heilbronn. Diverse Umleitungen waren schuld, daß wir den Weg in unser Hotel nicht fanden. Stefanie ging auf einen Hof. Dort saßen Menschen bei einer Geburtstagsfeier. Ein Mann, dessen Gesicht verriet, daß er die einheimischen Weine über alle Maßen liebte, bestätigte uns die komplizierte Fahrerei zu unserer Herberge, setzte sich kurzerhand in sein Auto und fuhr einfach vornweg. Als wir angekommen waren und ihm herzlich dankten, plauderten wir noch eine Weile. Ich fragte ihn, ob er denn schon einmal dem Osten Deutschlands einen Besuch abgestattet hätte. Da meinte er: »Des wird nix.« Ich dachte, nun kämen gewisse Vorbehalte, aber beim Nachfragen stellte sich heraus, daß ihn schon das Leben nördlich der Mainlinie nicht mehr interessierte, und ich merkte, daß er sich eben als Süddeutscher fühlte, den es maximal südlicher zieht.

Sind wir ein Volk?

Der erwähnte Herr Kolmsperger pflegte immer das Urteil des Philosophen Schelling zum Problem der deutschen Einheit zu zitieren: »Wir sind ein Volk der Völker.«

Unterwegs

Auf der Fahrt nach Wien machte ich mit meiner Frau in Linz Station. Natürlich probierten wir die berühmte Linzer Torte, die mir zu süß war, spazierten durch das Zentrum, wollten aber nicht in dieser Stadt, sondern lieber außerhalb in etwas ländlicher Gegend übernachten. Ich bat ein junges Paar um einen Tip, wo wir in der Nähe Station machen könnten. Sie gaben uns gern Auskunft und empfahlen, wie sie meinten, einen zauberhaften Ort, der nur soundsoviel Kilometer entfernt wäre: »Mauthausen.«

Meine Frau und ich waren seltsam berührt, daß wir ausgerechnet in jenem Ort übernachten sollten, von dem wir wußten, daß sich dort ein berüchtigtes Konzentrationslager der Nazis befunden hatte. Uns interessierte aber ein Besuch in der Gedenkstätte Mauthausen und so fuhren wir dorthin, nahmen ein Zimmer in einem alten Hotel an der Donau, dessen dicke Mauern noch aus dem Mittelalter stammten.

Am Abend spazierten wir auf einen kleinen Berg. Dort erwartete uns laut Ankündigung ein Feinschmeckerlokal. Auf dem Weg nach oben statteten wir dem Friedhof des Ortes einen Besuch ab, und ich dachte daran, daß es hier ganz nahe noch einen riesigen unsichtbaren Friedhof gab: die Toten des Lagers hatten keine Gräber.

Auf dem Gottesacker lasen wir auf einem Grabstein: »In tiefer Erdenstille vermorscht das Fleisch im Grab ...«

Nicht gerade tröstlich, aber wahr.

Plötzlich sahen wir zwei ältere Frauen in langen dunklen Taftkleidern, die an festliche Dirndl erinnerten, den Weg entlangkommen. Sie trugen eigenwillige Kopfbedekkungen, eher eine Art Kopfschmuck, der eine golden, nach hinten ausladend, mit schwarzer Spitze, der andere ganz in Schwarz. Hinter der Kirche standen Frauen verschiedenen Alters, auch junge Mädchen, alle festlich angezogen, die sich offensichtlich zum Einzug in die Kirche formierten. Der Priester kam des Weges und begrüßte per Handschlag alle Zaungäste, auch uns. Ich sagte ihm: »Wir sind zwei neugierige Protestanten aus Sachsen.«

»Ich bin Augustiner – wie euer Martin Luther. Ich habe den Film über ihn gesehen. Sehr gut!« Dann begannen die Glocken zu läuten, er begab sich zur Spitze der Prozession, und die festliche Gemeinschaft folgte ihm in das Gotteshaus.

Wir dagegen wollten uns nicht geistlichen, sondern sehr weltlichen Genüssen widmen und saßen bald auf der Terrasse des schönen Lokals, genossen Wein und hervorragendes Essen und sahen, wie sich die goldrote Sonne in der Donau spiegelte.

Nach dem Frühstück fuhren wir zum ehemaligen Konzentrationslager. Auf dem Parkplatz stand ein Schild mit dem Text: »Die Gasthöfe von Mauthausen laden ein«. An die Fläche grenzte ein Feld mit Sonnenblumen. Das wirkte im Angesicht der martialischen Anlage noch ein wenig tröstlich.

Dann passierten wir das Tor. Wer dieses Lager betrat, mußte eigentlich alle Hoffnung fahren lassen. Mauern und Türme waren aus Steinquadern errichtet, die aus dem nahegelegenen Steinbruch stammten, in dem viele Häftlinge zu Tode kamen.

Auf den Mauern fünf Reihen Stacheldraht, der in jenen Jahren elektrisch geladen war. Wir betraten eine der Barakken. Bald sah ich an der weißgetünchten Wand, daß Besucher ein SS-Zeichen und ein Hakenkreuz hineingeritzt hatten, beides von anderen wiederum mit einem schwarzen Stift durchgestrichen. An einer Stelle stand: »Die Crew vom MGF checkte das KZ am 13.03.03.«

Auch diesen gereimten Spruch der Nazis las ich: »Ein

Volksgenosse sollst du sein, so soll dein Gruß ›Heil Hitler‹ sein.«

In einer Nische war an der Wand der Abdruck von mehreren Springerstiefeln zu sehen, aber auch: »Fuck the war. Peace« und »Fuck Hitler«.

In einer anderen Baracke führte eine Treppe ins Kellergeschoß.

Die Räume dort unten wirkten auf uns besonders düster und muffig. Es ließ sich nur schwer atmen. An der Decke sah ich eine verrostete Brause und im selben Augenblick auch das gläserne Schild an der Wand. Wir befanden uns in der Gaskammer von Mauthausen …

An den steinernen Mauern im Gelände hingen viele Gedenktafeln in verschiedenen Sprachen. In Mauthausen, so schien es mir, waren Menschen aus ganz Europa zusammengepfercht worden. In einem Gedenkhain erinnerten künstlerisch gestaltete Denkmale an die Ermordeten eines jeden Landes. Und es zeigte sich, wie schwer es war, das Leid und das Grauen in eine Form zu bringen.

Hier stieß ich plötzlich noch einmal auf die DDR. Deutschland war mit zwei Denkmalen vertreten. Während die Bundesrepublik sich für eine sehr abstrakte Variante entschieden hatte – erinnerlich sind mir eine Metallkugel und ein Stück kegelförmiger Stahl –, bevorzugte die DDR eine Gestaltung im Stil des sogenannten Sozialistischen Realismus. In der Mauer, die die Gedenkstätte begrenzte, ein Zitat von Brecht aus dem Jahr 1933:

O Deutschland, bleiche Mutter!
Wie haben deine Söhne dich zugerichtet
Daß du unter den Völkern sitzest
Ein Gespött oder eine Furcht!

Davor befand sich, gleichsam als Illustration, eine Frauenfigur von Fritz Cremer.

»Errichtet 1966 von der Deutschen Demokratischen Republik« stand an der Seite und an der Steinwand noch:

Deine Söhne,
die hier kämpften
und starben,
trugen den Glauben
an das wahre
Deutschland in die Zukunft!

Drei Tage später spazierte ich mit meiner Frau Stefanie durch das schöne Wien. In einer Gasse entdeckten wir einen kleinen Militaria-Laden. Das schmale Schaufenster war vollgestopft mit Dingen, die Sammler von militärischem Kram erfreuen: vom Dolch bis zum Reservistenkrug. Mit großem Erstaunen sah ich dazwischen eine Samttasche, die mit hebräischen Buchstaben bestickt war. Ich machte Stefanie darauf aufmerksam, und wir fragten uns, wie dieses Stück wohl hierhergelangt war. Während wir noch staunten, fiel uns eine Armbinde mit einem schwarzen Davidstern ins Auge. Die Schrift war nicht vollständig zu sehen, aber wir konnten sie in Gedanken ergänzen:

Ältestenrat
der jüdischen Ghetto-Gemeinde

»Wie kommt denn *das hierher*?«

»Komm, wir fragen mal den Mann im Geschäft.«

Der Geschäftsinhaber bediente gerade einen Kunden, und wir sahen uns in dem vollgestopften Laden um. Als der Kunde etwas beiseite trat, stieß ich meine Frau an. An einem Regal lehnte eine Tafel, auf der rote Armbinden der SS mit Nadeln befestigt waren, zum Beispiel: Der Lagerkommandant.

Das Hakenkreuz war auf den Stoffstreifen jeweils nur sehr nachlässig überklebt worden, wie es vermutlich auch in Österreich Vorschrift ist.

Ich hockte mich hin, dahinter standen weitere gleichgroße Tafeln.

Und nach den Insignien der Täter entdeckte ich plötzlich die Kennzeichnungen der Opfer, alle versehen mit dem Davidstern:

Jüdischer Sanitätsdienst im Ghetto
Ghetto-Werkstätten (darauf ein Stempel SS-BW)
Kapo
Arbeitseinsatzzentrale
Gesundheits-Dienst
Jüdische Ghetto Polizei
Ordnungsdienst (ein blauer Davidstern auf weißem Leinenstoff, an den Sternspitzen die Buchstaben J R W und darunter stand in polnisch SŁUŻBA PORZĄDKOWA).

Auch ein noch nicht ausgeschnittener gelber Davidstern, mit den schwarzen Punkten, wo man die Schere ansetzen mußte, steckte auf der Tafel.

Wir sahen einander wortlos an. Ich fühlte mich regelrecht unwohl, als ich das alles in diesem Militaria-Laden sah.

Der Kunde unterhielt sich mit dem Geschäftsinhaber und verhandelte wegen des Preises für einen Dolch. Da nicht abzusehen war, wann die beiden zu Ende kamen, verließen wir das Geschäft, und ich sagte meiner Frau: »Ich gehe hier morgen noch einmal her!«

In einem Kaffeehaus las ich in einer deutschen Zeitschrift, daß Zielfahnder des Landeskriminalamtes Baden-Württemberg in Spanien dem SS-Lagerarzt Aribert Heim auf die Spur gekommen sind. Im früheren Konzentrationslager Mauthausen hatte er zahlreiche Häftlinge durch Herzinjektionen ermordet. Unter den KZ-Insassen war er als »Dr. Tod« gefürchtet. Nach dem Krieg hatte er unbehelligt als Mediziner in Süddeutschland praktizieren können. Schließlich erließ das Landgericht Baden-Baden 1962 gegen den damals 48jährigen einen Haftbefehl. Er konnte jedoch noch fliehen und fand – wie viele andere Nazis – in

Franco-Spanien Unterschlupf. Heim soll jahrzehntelang in einem kleinen Ort an der Costa Brava gelebt haben.

Am nächsten Morgen ging ich schnurstracks zu jenem Händler. Ich hatte immer wieder nur einen Gedanken: Die Dokumente der Judenvernichtung mußten aus diesem schrecklichen Militärkitsch-Laden heraus. Die gehörten in ein Museum, zum Beispiel in die geplante Dauerausstellung im künftigen jüdischen Begegnungszentrum meiner Heimatstadt.

Als ich den Laden betrat, war gerade ein Amerikaner fündig geworden. Er kaufte Bleisoldaten, Pferd und Reiter eines K.u.k.-Regiments. Ich besah mir wieder die Papptafeln mit den Armbinden und wartete, bis der Tourist den Laden verlassen hatte. Danach fragte ich den Inhaber, mit einer Handbewegung auf die Stoffstreifen deutend, obwohl sie entsprechende Schmutzstellen und Gebrauchsspuren aufwiesen: »Sind die echt?«

Er nickte und langte unter ein Regal. Zum Vorschein kam ein Stahlhelm mit dem SS-Zeichen an der Seite. »Des war sei Stahlhelm.«

»Dem diese Sachen gehörten?«

»Ja.«

»Wie sind Sie denn da rangekommen?«

Nun erzählte er mir die Geschichte von jenem SS-Mann aus der Steiermark. Er wäre zunächst in Krakau im Ghetto gewesen – ich hatte gerade den Film »Der Pianist« gesehen und mußte daran denken, daß Roman Polanski als Kind im Krakauer Ghetto war und theoretisch diesen Mann hätte treffen können – und anschließend wäre der SS-Mann nach Auschwitz-Birkenau gekommen. Ein Sohn hätte bei Umbauarbeiten auf dem Hausboden die Uniform, den Stahlhelm und die Armbinden gefunden, in einer zugemauerten Nische, und den Vater gefragt, wo die Sachen herkämen. Der mußte dann mit seiner Geschichte herausrücken.

Ich dachte wieder nur: Die Armbinden mußten aus diesem Laden heraus. Sie waren sehr teuer: Die Preise schwankten zwischen 58 und 75 Euro. Armbinden, die einst von Menschen getragen wurden, die unendliches Leid erlebt hatten.

»Ich kaufe sie alle.«

»Dann gebe ich Ihnen Rabatt.« Es erschien mir pervers, für Dokumente jüdischen Martyriums auch noch Rabatt in Anspruch zu nehmen, aber andererseits war mir jeder Euro recht, den dieser Militaria-Händler weniger daran verdienen würde. Ich ließ mir eine Quittung geben, auf die der Mann fein säuberlich »Armbinden« schrieb, und dann sagte er noch: »Ich geb Ihnen ein Sackerl mit.«

Er packte alles in eine schreiend rote Plastiktüte einer Boutique und jeder, der mich sah, dachte wohl, ich hätte gerade ein schickes Hemd erworben. Kein Mensch ahnte, welche Dokumente des Rassenhasses ich durch die Wiener Straßen trug.

Am nächsten Tag überquerte ich mit meiner Frau den Platz hinter der Staatsoper, auf dem seit den späten achtziger Jahren (und das war wirklich sehr spät!) ein Mahnmal gegen Krieg und Faschismus steht. Die berühmten ewig Gestrigen attackierten natürlich sofort das Gedenkensemble von Alfred Hrdlicka. Die Skulpturengruppe besteht aus dem zweiteiligen granitenen »Tor der Gewalt«, der Marmorplastik »Orpheus betritt den Hades« und der Bronzefigur des »Knienden Juden.«

Parallel zum Denkmal hing an einem eingerüsteten Haus gerade eine riesige Werbeplane. Zu sehen war eine schöne Frau im knappen Top, das sich vorn durch einen praktischen Reißverschluß auszeichnete. Ihre prallen Brüste, von denen gut ein Drittel zu sehen war, drohten den Stoff zu sprengen. Die Sexy-Frau mit aufgelöstem dunklem Haar und der kniende Jude, über dessen Rücken Stacheldraht lief – ich mußte versuchen, das aus einem entsprechenden Winkel zu fotografieren. Es wirkte völlig abstrus.

In dem Moment sprach mich freundlich ein Herr an und fragte mit einer Handbewegung zur Bronzefigur, ob ich wüßte, was ich da fotografiere. Ja, meinte ich, dies wäre ein Symbol für den Wiener Juden, den fanatische Nazis gezwungen hatten, mit einer Zahnbürste das Trottoir zu reinigen. Er nickte und wir kamen ins Gespräch. »Meine Frau hat über diese Zeit ein Buch geschrieben.«

»Wie heißt Ihre Frau, wie ist der Titel des Buches?«

»Schoschana Rabinovici. Und das Buch heißt ›Dank meiner Mutter‹.«

Überrascht sprudelte meine Frau heraus: »Das hab ich doch gerade gelesen!«

»Ach was! … Schoschana!« Er rief eine Frau, die mit einem befreundeten Ehepaar sprach. »Wir zeigen gerade Freunden aus Israel Wien.« Seine Frau kam zu uns und Stefanie unterhielt sich mit der Autorin über das Buch. Wir erfuhren auch, daß der im deutschsprachigen Raum bekannte Schriftsteller Doron Rabinovici ihr Sohn ist.

Schoschana Rabinovici (Das »i« am Schluß wird nicht mitgesprochen) wurde als Susie Weksler in Paris geboren. Mit ihren Eltern kehrte sie 1937 ins heimatliche Wilna zurück. Als die Wehrmacht Litauen besetzte, mußte die Familie ins Ghetto ziehen. Schoschana Rabinovici beschreibt nun aus der Sicht der kleinen Susie den Alltag im Ghetto, erzählt vom Kampf um ein paar Lebensmittel, von Terror und Deportation. Im September 1943 wird Susie mit ihrer Mutter ins KZ Kaiserwald verschleppt, 1944 ins KZ Stutthof. Die schlimmsten Tage für beide waren der Todesmarsch nach Tauentsien im Februar 1945, wo sie endlich im April von der Roten Armee befreit wurden.

Raja Weksler schaffte es die ganzen Jahre, der Tochter mit List und Geistesgegenwärtigkeit immer wieder beizustehen. Deshalb überlebten beide, und Schoschana Rabinovici widmete der Mutter dieses Buch.

Ich erzählte dem Ehepaar Rabinovici von meiner Suche nach den jüdische Spuren in Leipzig und schickte ihnen später mein Buch »Davidstern und Weihnachtsbaum«, aber ich scheute mich, ihnen von den Armbinden im Militaria-Laden zu erzählen. Welche Erinnerungen mußte das in ihnen wecken …

Am Tag darauf besuchte ich das Antiquariat Fritzsch in der Schönlaterngasse. Eine wahre Fundgrube für Liebhaber von Literatur aus dem vergangenen Jahrhundert. Die sorgsam erarbeiteten Kataloge mit den interessanten Annotationen sind regelrechte Lehrbücher für Antiquariatsfreunde.

Neben der Buchhandlung steht das alte Basiliskenhaus. In die Wand ist eine Tafel eingelassen, auf der die Namen von fünf Wiener Juden verzeichnet sind, die bis zu ihrer Deportation in diesem Haus lebten:

Erwin Abeles
Sissel Berkovicz
Pauline Ekstein
Rudolf Ekstein
Alois Löwy

Mir fiel sofort auf, daß diese Tafel dick mit Ölfarbe zugestrichen war, um die Namen unleserlich zu machen. Als ich dem Antiquar davon erzählte, sagte er zu mir: »Was, schon wieder!«

Er verließ mit mir sofort den Laden, um sich das anzusehen, und meinte: »Tatsächlich, wieder ein Anschlag.«

Als ich mit meiner Frau zurück in Leipzig war und wir unserem Sohn die Armbinden zeigten, meldete er nach eingehender Prüfung sofort Bedenken an. »Ich glaube nicht, daß die echt sind.«

Wir waren sehr überrascht.

»Die Nähte sind mir zu frisch. Das ist kein altes Garn. Der Faden ist vermutlich synthetisch. Der Stoff ist mir zu gut erhalten. Das ist künstlich schmutzig und auf alt gemacht. Die Schrift wirkt auf mich wie aus dem Computer farbig ausgedruckt, dann daraufgelegt und aufgebügelt. Es fehlt die Patina.«

Im Halbdunkel des kleinen Ladens hatten die Armbinden tatsächlich anders gewirkt als nun im hellen Licht.

»Heutzutage wird doch alles gefälscht. In Polen werden Wehrmachtsuniformen genäht und auf den Flohmärkten an die Nazi-Kitsch-Sammler verkauft«, klärte er uns auf.

Mir dämmerte, daß amerikanische Touristen in diesem Militaria-Laden nicht nur Bleisoldaten kauften, sondern auch diese »Dokumente« der Shoah ihren Kundenkreis fanden. Und aus den USA läßt sich diese Ware schlecht reklamieren!

Ein Kunstsachverständiger, den ich zu Rate zog, bestätigte, daß auf diesem Gebiet unglaublich viel gefälscht würde. Er habe von einer Diskothek in Holland gehört, in der junge Leute mit solchen nachgemachten Armbinden aus der Nazizeit tanzten.

Den Beleg über die Kaufsumme besaß ich noch. Ich schrieb dem Besitzer des Geschäftes, daß wir seine Ware als Fälschungen enttarnt hätten und daß er doch kein Interesse daran habe könne, wenn wir unsere Ansprüche rechtlich geltend machten. Eine Freundin käme bei ihm vorbei und würde unkompliziert die Ware gegen das Geld zurücktauschen.

Als unsere Freundin ihm in seinem Laden gegenüberstand, meinte er, das wäre ein Unsinn, alles wäre echt und er hätte die Sachen noch viel zu billig verkauft.

»Na«, antwortete unsere Freundin, »kein Problem, hier sind die Armbinden, da werden Sie ja froh sein, alle wiederzubekommen.«

Mißmutig zählte er das Geld auf den Tisch.

Der Kollege von Lissabon

In dieser schönen Stadt muß man im Café A Brasileira gesessen haben. Es ist noch weitestgehend im Stil des Fin de Siècle erhalten. Gleich rechts, wenn man das Kaffeehaus betritt, befindet sich ein holzverschnörkelter Schalter. Drin saß eine ältere Frau, unbeweglich wie eine Nippesfigur. Als gehöre sie zum Interieur. Sie verkaufte Zeitungen, Kaugummi und Zigaretten. Ich holte mir ein paar Zigarillos und nahm mit meiner Frau an einem Tisch vor dem Café Platz. Sinti- und Roma-Frauen kamen vorbei, die Kinder auf dem Arm hatten und bettelten. Ein Afrikaner stürmte im Laufschritt mit seinen Holzschnitzereien die Straße entlang, als wisse er schon, daß ihm sowieso niemand etwas abkauft, oder als fühle er sich von den städtischen Behörden wegen seiner fehlenden Verkaufsbescheinigung verfolgt. An einer Ecke sang ein Mann in portugiesisch zur Gitarre; ich hielt gleich leise mit dem deutschen Text mit: »Sag mir quando, sag mir wann ...« Und meine Frau stimmte ein: »Sag mir quando, quando, quando ... ich dich wiedersehen kann, sag mir quando, sag mir wann?«

An der Straßenecke gegenüber stand ein Mann und winkte den vorbeifahrenden Autos. Wir hatten inzwischen herausbekommen, was sich Männer wie er zur Aufgabe gemacht hatten. Sobald sie in der Straße eine Parklücke entdeckten, versuchten sie, die gegen ein kleines Trinkgeld zu verhökern.

Aus dem Kaffeehaus tönte nicht nur fröhliches Geplauder, ich registrierte auch belustigt, mit welchem Temperament die Servierkräfte das Geschirr abstellten. Das schepperte auf den Abräumwagen an der Küche, als gelte es, einem Polterabend zu frönen.

Ich sah einen Mann, der zu einem Tisch ging und von den dort stehenden Untertassen die kleinen Zuckerpäckchen einsammelte.

Unweit von uns saß, inmitten der Gäste, aber auf einem kleinen Podest, der Schriftsteller Fernando Pessoa – in Bronze gegossen. Er hatte hier zu Lebzeiten seinen Sumo getrunken. Das heißt zwar übersetzt Fruchtsaft, aber sein Wasserglas war jedesmal randvoll mit Schnaps gefüllt worden. Vorm Café A Brasileira genoß er diese ganz besondere Art von Saft. Dem schien auch ein neben dem stummen Dichter sitzender Mann zuzusprechen, denn an mein Ohr drang undefinierbares Gebrabbel. Als ich konzentrierter auf die Rede hörte, bemerkte ich, daß er sein Selbstgespräch in Deutsch führte. Ich besah ihn mir genauer. Unter der derben Jacke trug er einen weißen Rollkragenpullover. Um die Taille hatte er diese Art Touristengürtel geschnallt, in dem sich wohl Portemonnaie und Dokumente befanden. Seine Hose wirkte schon ziemlich abgetragen, auch den Absätzen seiner Schuhe waren die langen Märsche durchs Land anzusehen. Ein Rucksack stand neben seinem Stuhl. In der Hand hielt er eine gerollte gelbe Serviette, die er zur Bekräftigung wie einen Zeigestock benutzte und damit auf imaginäre Bilder wies. Wie immer bei solchen Menschen war an den Zähnen zu erkennen, daß er wohl ziemlich mittellos war, nur noch wenige leuchteten aus dem Mund, den ein Oberlippenbart zierte. Lockige, längere Haare umrahmten sein Gesicht. Wenn er sprach, dann blickte er nie nur in eine Richtung, er drehte den Kopf immer wieder nach da und dort, schien aber die Menschen um sich herum überhaupt nicht wahrzunehmen. Mit einemmal verstand ich einige Passagen seiner Rede. Er sprach von »LSD, das ist der Hammer. Das hält fünf Stunden an.«

Hatte ich hier einen der letzten 68er als Kaffeehaus-Nachbar?

Einer, der nicht wieder aufhören konnte, nicht den

Marsch durch die Institutionen, sondern durch die Kneipen angetreten hatte?

Nach einer Weile hörte ich den Namen »Baselitz«. Aha, ein Kunstfreund war er auch, kannte den Maler vielleicht sogar persönlich?

Nun wechselte er abrupt die Sprache, alle Sätze kamen plötzlich in perfektem Englisch, und ich war leider – aufgrund meiner geringen Kenntnisse – ausgeschlossen. Ich dachte nur immer wieder: So möchte ich englisch sprechen können! »More money« verstand ich und »Black line«. Komm, Junge, dachte ich, sprich wieder deutsch. Und tatsächlich, nach einiger Zeit hörte ich: »Der Krieg in den sechziger und siebziger Jahren. Da begann der Krieg der Angestellten gegen die Bosse mittels der Gewerkschaften. Denkt mal drüber nach!«

Keiner in seiner Umgebung nahm Notiz von ihm, und es konnte auch keiner über seine Worte nachdenken, weil niemand ihn verstand.

»Der Chef klopft dem Angestellten auf die Schulter. Der Angestellte mit dem Tomahawk statt einer Schachtel Pralinen. Spinnst du mit dem Rosé?« Hier wurde der Sinn seiner Rede etwas verworren. Sollte der Angestellte den Chef mit Pralinen und Rosé-Wein bestechen, statt zu demonstrieren?

»Die Gewerkschaft ist der große Loser. Die Gewerkschaftsführer machen Krieg. Das ist das Erfolgsrezept der Gewerkschaften – Krieg! Die Gewerkschaften – the gang for the workers.« Schon rutschte er wieder ins Englische, aber das verstand ich gerade noch.

»Deutsche Löhne sind zu hoch! Wir müssen nach Indien gehen. Gratuliere, ihr Gewerkschaftsführer! Ihr habt's geschafft, daß die Firmen nach Indien gehen. Das sind eure Lohnforderungen der siebziger Jahre. Immer diese Lohnforderungen, weil alle ein Auto haben wollten!«

Zu guter Letzt fing er auch noch an, portugiesisch zu sprechen! Wir brachen auf, und ich dachte mir, was wird dieser Mann für eine Biografie haben? Ein verkrachter Gewerkschafter, der sich mit seinen Leuten überworfen hat? Aber gibt es dort einen Funktionär, der zwei Sprachen perfekt beherrscht?

Oder war er doch ein gescheiterter Manager? Ein Don Quijote, der gegen die Windmühlenflügel der Gewerkschaften gekämpft und verloren hatte …?

Ein schöner Tag

Thomas Thümmler erwachte mit einem guten Gefühl. Er war ausgeschlafen, hatte heute frei, und am Abend würde er sich mit Marie-Luise treffen. Erst mal schön essen beim Italiener und dann bei ihm Kuschelrock und Kerzenschein. Er stellte das Radio an, summte einen Titel von Lionel Ritchie mit. Als nach dem Lied die Werbung sprudelte, schwang er sich aus dem Bett. Er ging zur Toilette; beim Zähneputzen betrachtete er sich kritisch im Spiegel. Er war jetzt Mitte Dreißig und es zeigten sich logischerweise erste Fältchen im Gesicht. Er fand das eigentlich interessant, ausdrucksstark. Nun hatte er aber gestern in der Anzeige einer Zeitschrift gelesen, daß nicht alle Frauen bei Männern seines Alters Falten gut fanden, sondern dies auch als »frühzeitig gealtert« galt … Wie sah Marie-Luise das? Er würde sie heute abend danach fragen.

In dieser Zeitschrift hatte unter dem Foto eines jungen Mannes gestanden: »Erste Mimik-Falten? Stoppen Sie diese Entwicklung! Reagieren Sie!« Eine Kosmetik-Firma bot ein Anti-aging-Präparat für Herren an, nach vier Wochen wurden sichtbar glatte Haut und entkrampfte Gesichtszüge versprochen. Immerhin stand er als Programmierer unter ziemlichem Konkurrenzdruck, vielleicht war es gar nicht so schlecht, etwas jünger auszusehen.

Er zog eine Grimasse, zuckte mit den Schultern. Anschließend stieg er singend in die Dusche, seifte sich ein und brauste sich erst warm und dann kalt ab. Nachdem er sich unter einem gerahmten Poster von Marilyn Monroe angezogen hatte, schaltete er in der Küche die Kaffeemaschine und den Fernseher ein. Während er den Toaster bestückte, zappte er durch die Programme. Bei einer Sitcom hielt er inne. Eine Frau mit stattlichem Busen und aufreizendem Gang hatte sein Interesse geweckt. Und auch seine Vorfreude auf Marie-Luise. Er frühstückte; aus dem Fernseher dröhnten Lachsalven. Als die Sendung beendet war, folgte eine Talkrunde.

Thomas Thümmler schaltete das Gerät aus und nahm sich die neueste Ausgabe von »Sport Bild« vor, die auf dem Küchentisch lag. Eine Anzeige mit Günter Netzer fiel ihm ins Auge. Mann, o Mann, dachte er, der macht vielleicht Kohle. Ständig hochbezahlt im Fernsehen mit seinen Länderspielkommentaren und dann noch fett in der Werbung drin. Der Fonds hieß dit-Wachstum Euroland. »Der Aktienfonds für Aufsteiger.« Und er fragte sich erheitert: Wieso habe ich den nicht? 17,7 Prozent Wertsteigerung, das klang unter heutigen Verhältnissen vielversprechend. »Eine Rendite, die deutlich über dem Vergleichsindex liegt. Das Team: unser globales Netzwerk …« – vielleicht hatten die Experten deshalb den Netzer für die Anzeige genommen – »… von Anlage- und Finanzexperten«.

Thomas las auch noch das Kleingedruckte in der Werbung. »… Berechnungsbasis: Anteilwert (Ausgabeaufschläge nicht berücksichtigt); Ausschüttungen wieder angelegt … Berechnung nach BVI-Methode …« Und er dachte: Die kennt natürlich kein Schwein. »Angaben zur bisherigen Entwicklung erlauben keine Prognose für die Zukunft … Die Volatilität des Fondsanteilwertes kann stark erhöht sein …« Wer sollte da durchblicken?

Inzwischen war sein Kaffee kalt geworden, er trank die Tasse trotzdem in einem Zug aus. Das Handy summte und zeigte damit an, daß er eine SMS bekommen hatte: »Hallo Tommy, bist du endlich wach, oder träumst du immer noch von mir? Manche Träume werden wahr! Ich freu mich auf heute abend und wünsch dir einen schönen Tag. Deine Lu.«

So kürzte er ihren Namen manchmal ab, vor allem in zärtlichen Stunden nannte er sie so. Sie würde gern mit ihm zusammenziehen, aber er war sich unsicher. Ihm schien das zu verbindlich.

Er antwortete ihr: »Bin hellwach, fahre jetzt in die Stadt zum Shoppen, während du dich am Schreibtisch quälst. Bist du neidisch? Viele Küsse überallhin, dein Tommy.«

Er trat auf den Balkon. Es war relativ warm, die Sonne blinzelte da und dort durch die Wolken. Er entschied sich für eine dünne Jacke, hüpfte leichtfüßig die Treppe hinunter und holte sein Bianchi-Rad aus dem Keller. In der Kastanie auf dem Hof sang eine Amsel. Das nahm er nur flüchtig wahr. Kaum saß er auf dem Fahrrad, steckte er sich die Stöpsel für den MP3-Player ins Ohr. Die kräftige Stimme von Anastacia beanspruchte seine Aufmerksamkeit sofort. Er trat ordentlich in die Pedalen und fuhr durch einen Park in Richtung Innenstadt. Am Rathaus schloß er das Fahrrad an. Er ging zuerst zur Vorverkaufskasse, um zwei Karten für ein Länderspiel zu erstehen. Mit seinem Freund Michael würde er nach Berlin fahren. Dann wollte er sich noch nach Karten für das Gastspiel jener Tanztruppe aus Irland erkundigen, die Marie-Luise so gefiel. Er selbst fand das rhythmische Gehopse nicht sonderlich interessant, aber die schönen Beine der Tänzerinnen in ihren Miniröcken sah er gern.

Er schlenderte durch einige Boutiquen, sah sich nach einem Hemd und einem Pullover um. Als sich in der letzten die Verkäuferin bückte, um seine Größe aus einem unteren Regal zu holen, bemerkte er ein Stück von ihrem Tanga und ein Tattoo, das sich darunter hervorschlängelte. Er versuchte mit der blonden, perfekt geschminkten jungen Frau zu flirten, aber sie blieb höflich reserviert und schickte ihn mit einem »Schönen Tag noch« wieder auf die Straße.

Ein paar Meter weiter betrat er eine Buchhandlung. Er wollte mit Marie-Luise in diesem Jahr nach Tasmanien und suchte einen Reiseführer. Er war lange nicht in einer Buchhandlung gewesen, und als er das große Geschäft betrat, fand er die Menge an Büchern unglaublich. Wer soll denn das alles lesen?, fragte er sich. Wer hat überhaupt so viel Zeit? Er irrte eine Weile umher, ehe er eine Buchhändlerin ansprach, die ihm das Regal mit den Reiseführern zeigte. Er blätterte in einer Merian-Ausgabe, kaufte sie ohne viel Federlesen und verließ die Buchhandlung schnell wieder. Ihm knurrte der Magen, er nahm am Kiosk noch rasch die neue Nummer der »PC Professionell« mit, setzte sich vor ein Café und bestellte einen Cappuccino und ein Sandwich.

Er wollte ein wenig in der Zeitschrift lesen, wurde aber immer wieder abgelenkt, weil in der Fußgängerzone hübsche junge Frauen auftauchten, die seine Blicke magisch anzogen. Er leistete sich noch einen Gin Tonic. Die Sonne schien jetzt in längeren Abständen, er blinzelte ins Blau, hätte seine Sonnenbrille einfach über die Augen schieben können, hatte sie aber wie die junge Frau, die jetzt am Nachbartisch Platz nahm, dekorativ in seinen Haaren drapiert. Als sich ihre Blicke begegneten, lächelten sie einander an und ihn durchströmte ein wohliges Gefühl, zumal sie auch noch die gebräunten, schlanken Beine aufreizend übereinanderschlug. Wenige Minuten später tauchte ein gutgewachsener Mann mit zwei Plastiktüten auf und es kam nicht mehr zum Austausch von Blicken. Thomas Thümmler überlegte, ob er noch zu »Saturn« gehen sollte. Er wollte sich über ein neues Handy-Modell informieren. Er hatte neulich dort gesehen, daß es nur ein begrenztes Angebot für dieses Modell gab. Das Nokia 6111 hatte eine Megapixelkamera mit integriertem Blitzlicht, 6fach-Digitalzoom und Videofunktion, MP3-Player, Radio, Bluetooth, Infrarot-Schnittstelle und Triband. Die hatten bei »Saturn« eine Rechnung aufgemacht, bei der man 689,90 Euro sparte. Im Tarif Time & More Web für nur 15 Euro pro Monat gab es bis zu 50 Telefonminuten und 150 SMS.

In dem Moment klingelte das Handy. Michael war dran, und Thomas konnte ihm gleich sagen, daß er Karten fürs

Länderspiel bekommen hatte. Sie verabredeten sich für den nächsten Tag, würden nach dem Tennis noch auf ein paar Bier in die »Kornblume« gehen.

Thomas bezahlte und erhaschte ein Lächeln von der Schönen am Nachbartisch, weil ihr Freund gerade durch ein Handy-Gespräch abgelenkt war. Was für eine tolle Frau, dachte Thomas. Na ja, vielleicht sah man sich doch einmal wieder. Bei »Saturn« traf er, ehe er bei Nokia landete, zunächst auf das schlankste Slide-up-Mobiltelefon der Welt von Samsung. Er las die Angaben: 1,3 Megapixel-Kamera, 262.144 TFT-Farbdisplay, TV-Ausgang, Bluetooth, integrierter MP3-Player, E-Mail. Er hatte aber plötzlich keine Lust mehr, sich um ein neues Handy zu kümmern, ging in die CD-Abteilung, hört in fünf Scheiben rein, entschied sich für zwei und verspürte plötzlich eine ungeheure Müdigkeit. Die letzten Tage waren auch randvoll mit Arbeit gewesen. Ohne Überstunden ging das nie ab.

Er bummelte zu seinem Fahrrad zurück. Die hübsche Frau saß nicht mehr vor dem Café. Ein Straßenmusikant mit einem Akkordeon spielte russische Volksmusik. Thomas stieg auf sein Rad und fuhr nach Hause. Auf dem Balkon trank er eine Cola light, überlegte, ob er noch mal durch die Programme zappen sollte, entschied sich dann aber für einen Nachmittagsschlaf. Matratzenabhorchdienst hatte sein Großvater das immer genannt. Kurz vorm Einschlafen fiel ihm ein, daß er vergessen hatte, nach den Karten für die irischen Tänzer zu fragen.

Als Thomas am frühen Abend seine duftende Marie-Luise umarmte, fragte sie ihn: »Na, wie war dein Tag?«

»Super!«

Die zukünftigen Alten

Eine der letzten Gerechtigkeiten auf dieser Welt ist bekanntlich die Tatsache, daß jeder Mensch jeden Tag älter wird. Auch die seidige, glatte Haut der jungen Frau an meinem Kaffeehaustisch runzelt dereinst vor sich hin. Allerdings bin ich dann schon ganz dahingerunzelt.

Aber, so frage ich mich, wie werden die heute jungen Menschen aussehen, wenn sie alt sind?! Und wie leben die so im Alter mit ihren Erinnerungen?

Fangen wir mal beim Kopf an. Schon heute konstatieren Fachleute, daß die extrem laute Diskomusik zu enormen Hörschäden führt. Weit vor der Rente werden sie also ohne Hörgerät keine Chance der Verständigung mehr haben, weil sie dieses dröhnende Uffzsch, Uffzsch, Uffzsch der Bässe um das Gehör brachte!

Schon jetzt lohnt es sich, Aktien von medizintechnischen Firmen zu erstehen, die Hörgeräte produzieren. Spätestens um das Jahr 2020 werden die enorme Dividenden abwerfen! Denn dann muß sich eine ganze Generation etwas ins Ohr stöpseln, weil sie seinerzeit in der Disko Ohrstöpsel verschmähte.

Noch eine Bemerkung zum Kopf: In Umkehrung der heutigen Moden werden manche Alte im letzten Lebensabschnitt über mehr Haare verfügen, als sie in ihrer Jugend je trugen, da sie bekanntlich in jener Zeit aus modischen oder gar politischen Gründen auf diesen schönen Kopfschmuck verzichteten.

Woran wird man sich erinnern?

»Weißt du noch, Kevin, damals zur Love-Parade in Berlin?«

»Was?!«

»Ich sagte, damals zur Love-Parade in Berlin!!!«

»Ich war noch nie in Wien.«

»Berlin!!!! Love-Parade!!!!«

»Ach so, ja, das waren noch Zeiten!«

»Sag mal, damals haben wir doch auch schon irgendwelche Pillen genommen …«

Im Speisesaal des Seniorenheimes sieht man bei den Alten da und dort ein Tattoo unter dem Ärmel oder überm Bund hervorlugen. Allerdings ist so manche Rosenknospe auf der Haut inzwischen eingeschrumpelt, Schmetterlinge und Drachen lassen ihre Flügel hängen.

Oft kommt es bei den geselligen Abenden mit Tanz zu Zwistigkeiten zwischen den verschiedenen Musik-Anhängern. Schon lange sind jene Zeiten vorbei, wo alle Alten im Heim die gleichen Lieder mochten, solche wie »Wenn der weiße Flieder wieder blüht …«. Inzwischen schimpfen die Anhänger von Techno auf die Fans der Backstreet Boys. Immer wieder muß die Heimleitung schlichtend bei Streitereien eingreifen. Das Tanzen selbst kommt allerdings den altersbedingten Konstitutionsgrenzen sehr entgegen. Wie in der Jugend stellt man sich einfach an einen Ort und läßt sich von den Lichtreflexen umschmeicheln, während man dabei die dürren Arme etwas ausschüttelt.

Völlig unter sich sind jeweils die Liebhaber der Heavy-Metal-Nostalgie-Abende. Da bleiben alle anderen Heimbewohner in ihren Zimmern und nehmen die Hörgeräte aus dem Ohr.

Ja, liebe Leserinnen und Leser, so oder so ähnlich wird es sein.

… Aber ich frage mich, was dann wohl jene künftigen Alten, die über die Jahre nie ein Stück Klassik hörten – und davon gibt es ja heutzutage reichlich unter den jungen Leuten –, also was die einst zu ihrer Trauerfeier als letzten Musikwunsch spielen lassen …

Wunder

Also, eins steht fest, keine Partei hat in der Geschichte so viel für die Emanzipation der Frau und für die Familie getan wie die Sozialdemokraten! Schröder hat besonders viel für Familien übrig. Er hat ja gleich mehrere gegründet. Nur sein Außenminister hat ihn partnerinnenmäßig noch überflügelt. Kein Wunder – der war auch mehr außer Haus.

Aber die Menschen scheren sich nicht darum, was sie der SPD zu verdanken haben, nein, die Menschen sehen nur auf das Hier und Heute: wie sie von den sozialdemokratischen Gentlemen zur Kasse gebeten werden. Und so wurde das Tief für die SPD in den Umfragen immer tiefer. Und am Ende standen schließlich 2005 Neuwahlen.

Schröder sprach immer von der »Politik der ruhigen Hand«, doch mich beschlich das Gefühl, die Hand war längst eingeschlafen! Er erklärte den Aufbau Ost zur Chefsache, aber da reicht es nicht, mit Gummistiefeln durch Grimma zu spazieren.

In der Zeitschrift »Stern« stand sinngemäß: Schröder war der Kanzler, der ein Wunder vollbrachte: Er erklärte die Programmlosigkeit einfach zum Programm.

Er war außerdem ein Fahrkünstler ersten Ranges: Er fuhr von links unten nach rechts oben. Und während er durch die Gegend brauste, liefen ihm seine Parteimitglieder davon.

Ja, wo liefen sie denn hin?

Ins linke Niemandsland. Dort saß Lafontaine mit Gysi beim Rotwein.

Wie geht es mit der SPD weiter?

Sehen die Genossen noch, wer ihnen wirklich helfen kann? Ich wage es kaum zu glauben. Es scheint ihnen zu gehen wie dem Pfarrer, der ins Moor geraten ist. Zufällig kommt die Feuerwehr vorbei. Deren Hilfe lehnt er ab. Nicht nötig, der Herr wird mich retten. So geht das drei Mal. Dann versinkt der Pfarrer. Im Himmel beschwert er sich, warum ihm der Herrgott nicht geholfen habe. Da sagt Gott: »Was soll ich denn mehr machen, als dir drei Mal die Feuerwehr vorbeizuschicken?!«

Nekrolog auf ein Jahr

Eine alte, lebenserfahrene Frau sagte mir einmal: »Herr Lange, wenn Sie alt genug werden, merken Sie, daß sich alles im Leben wiederholt.« Fröhlichkeit stellt sich bei solchen Informationen nicht gerade ein, denn es wiederholen sich eben nicht nur angenehme Dinge, sondern auch alle Konflikte und Probleme, die schon unsere Vorfahren auszustehen hatten.

Mir ist neulich ein Gedicht in die Hände gefallen, bei dem ich an die Sätze dieser Frau erinnert wurde. Geschrieben hat es Mascha Kaléko. Wer liest heutzutage noch Gedichte? Solcherlei Lektüre eignet sich aber bestens zur Besinnlichkeit, für die wir Schnellebigen meist nur einmal im Jahr – und zwar am Jahresende – Zeit haben. Ich möchte gern, daß Sie einige Verse aus dem Gedicht »Nekrolog auf ein Jahr« kennenlernen.*

Nun starb das Jahr. Auch dieses ging daneben.
Längst trat es seinen Lebensabend an.
Es lohnt sich kaum, der Trauer hinzugeben,
Weil man sich ja ein neues leisten kann.

Wenn sich also auch dieser und jener Wunsch nicht erfüllen läßt – es ist doch wahrer Reichtum, daß man sich immerhin ein neues Jahr leisten kann!

Die Lyrikerin erinnert sich an die Silvesternacht vor 365 Tagen:

Wir gossen Blei und trieben Neujahrspossen.
(Minister formen meist den Vogel Strauß ...)

* Zitiert nach: Mascha Kaléko, Das lyrische Stenogramm, Rowohlt Verlag, Reinbek 1978, S. 77.

Was wir im letzten Jahr in Blei gegossen,
Das sah verdammt nach Pleite-Geier aus.

Haben Sie nicht auch manchmal das Gefühl, daß der stolze Adler im Bundestag stetig mehr die Flügel hängen läßt? Und wie der Adler hängt auch der Kanzler durch. Wäre die Opposition nicht genauso ratlos, stünde er ganz schön schwächlich hinterm Pult.

Ich las dieses Gedicht, als Gerhard Schröder gerade eine großartige Idee hatte, um die leeren Kassen zu füllen. Den Staat sollten nun die Steuerflüchtlinge retten. Das Schwarzgeld, das über Jahre außer Landes gebracht worden war, sollte in die Heimat zurück! Der Staat rechnete dadurch mit 25 Milliarden Mehreinnahmen an Steuergeldern!

Hätten Sie gedacht, daß von Geldverschiebern einmal erwartet würde, Deutschland zu retten?!

Und so rief Gerhard in seiner Not: »Straffreiheit für Steuersünder!«

Aber es tröpfelte nur da und dort ein wenig, der Geldschwall blieb aus. Die Schwarzgeldbesitzer, stur wie sonst was oder eben allesamt CDU-Anhänger, die brachten einfach das viele Geld nicht zurück!

Das war bitter für Schröder. Er hatte doch nicht damit gerechnet, daß deutsche Kriminelle keine Ehre im Leib haben!!!

Und so blieb ihm nichts anderes übrig, als sich hier im Lande umzugucken und sich bei denen zu bedienen, deren Einkommen zu überblicken sind. Genau ... also bei Ihnen!

Das Geld regiert. Wer hat es nicht erfahren,
Daß Menschenliebe wenig Zinsen trägt.
Ein braver Mensch kann höchstens *Worte* sparen.
... Wenn er die Silben hübsch beiseite legt.

Natürlich hoffe ich für Sie, daß Sie im nächsten Jahr etwas mehr als Silben beiseite legen können. Denn spätestens wenn Sie sich der Rente nähern, wird das bitter nötig sein.

Nun starb das Jahr. – Man lästre nicht am Grabe!
Doch: Wenn das Leben einer Schule gleicht,
Dann war dies Jahr ein schwachbegabter Knabe
Und hat das Ziel der Klasse nicht erreicht.

Mascha Kaléko schrieb dieses Gedicht vor über 70 Jahren.

Im Zug

Ich finde es immer rührend, wenn Zugbegleiter, die normalerweise Dialekt sprechen, sich plötzlich bei ihren Durchsagen enorm mühen, um den Eindruck des Hochdeutschen zu erwecken. So hörte ich im Abteil des Intercity nach Berlin eine Stimme, die das Sächsische einfach nicht verbergen konnte: »Meine sehr verehrten Damen und Herren, beachten Sie bitte folgende wichtige Durchsage. Wegen einer Unregelmäßigkeit werden wir über Dessau umgeleitet. In Bitterfeld müssen die Reisenden nach Wittenberg aussteigen und die Regionalbahn benutzen.«

Ein Mann, der in einem Buch las, hatte der Durchsage aufmerksam gelauscht, schien über das Gesagte kurz nachzudenken und fragte dann die Frau auf der anderen Seite des Gangs: »Sie entschuldigen, was verstehen Sie denn unter einer Unregelmäßigkeit?«

»Da wird sich wohl wieder jemand vor den Zug geworfen haben.«

»Was? Das ist ja schrecklich.«

»Ja, ja, das ist mir schon zweimal passiert. Und immer vor Weihnachten. Das verdirbt einem die ganze Stimmung. Na ja, es sind meistens Arbeitslose. So gesehen kann man's scho verstehen.«

Sie schien aus dem fränkischen Raum zu stammen.

»Und so etwas nennt man eine … eine ›Unregelmäßigkeit‹?«

»Na ja, regelmäßig passiert es ja zum Glück nicht.«

Der Mann schaute die Frau verblüfft an, schüttelte den Kopf. Über die Tatsache an sich oder über den lakonischen Satz der Frau – das war nicht auszumachen. Er schaute aus dem Fenster und nahm nach einer Pause das Gespräch wieder auf.

»Vor den Zug! Wie verzweifelt muß ein Mensch sein, ehe er sich dazu entschließt ... Bundestagsabgeordnete werfen sich nie vor den Zug!«

»Wie kommen Sie denn darauf! Die haben doch keinen Grund ... Aber immerhin – einer ist schon mal gesprungen, ohne die Reißleine des Fallschirms zu ziehen.«

Der Mann ging auf den schwarzen Humor der Reisenden nicht ein.

»Arbeitslosigkeit macht die Menschen noch verrückt. Ich habe vorhin einem Obdachlosen im Bahnhof einmal Pinkeln ausgegeben.«

»Was!«

»Ja, der Mann hatte noch zwanzig Cent. Im Bahnhof kostet es aber sechzig, also habe ich die paar Cent draufgelegt, damit er sich erleichtern kann. Das hätten wir uns in der DDR auch nicht träumen lassen, daß wir mal für die Toilette eine Mark zwanzig *West* ausgeben!«

»Sie sind aus dem Osten?«

Die Frau wirkte überrascht. Bei dem Wort »Osten« klang ihre Stimme etwas distanziert, vielleicht sogar eine Spur abfällig.

»Warum nicht?«

Sie musterte den Mann und schien zu glauben, daß man anders aussehen müßte, wenn man aus dem Osten war.

»Na ja ... Ihre Sprache ...«

»Es gibt nicht nur Sächsisch im Osten.«

»Ah ja, ich war noch nicht da – ich fahr ja immer nur durch.«

»Und warum?«

»Na, was ich hier vom Zug aus sehe, ermuntert mich nicht gerade.

Überall diese kaputten Fabriken.«

»Aber Sie können doch nicht den Osten vom Abteilfenster aus beurteilen.«

»Ich seh ja auch fern, doch das motiviert mich auch nicht: Verlotterte Viertel, Kriminalität, Neonazis ... Natürlich weiß ich, daß Ihr mit unserem Soli-Beitrag viel Schönes und Neues gebaut habt.«

»Was heißt mit ›unserem Soli-Beitrag‹? Den zahlen wir doch auch!«

»Ach so?«

»Das wissen Sie nicht?«

»Nein, ich fahr ja immer nur durch.«

Nun sah der Mann wieder in sein Buch. Die Frau wollte aber noch einen Gedanken loswerden.

»Um auf Ihre Toilette zurückzukommen, für die sechzig Cent hören Sie doch jetzt auch schöne Musik! Und es ist sauber und riecht gut – das hat eben alles seinen Preis. Wie die Wiedervereinigung. Und deshalb ist eben Deutschland jetzt in der Krise.«

»Wegen uns?«

»Na klar, aber ich nehme Ihnen das nicht übel.«

»Das ist nett. Die Krise ... war doch bei Ihnen 1989 schon da und der Westen hat die letzten Jahre nur an uns verdient. Jeder Dachziegel, jedes Waschbecken, jedes Auto kam von drüben. Das Geld, das in den Osten floß, schwamm zum großen Teil wieder zurück! Und jetzt, wo der Osten einigermaßen ausgestattet ist, ist eben die Krise auch im Westen wieder da.«

»Na, Moment mal, welches Land war denn 1989 total pleite?! Doch wohl die DDR!«

»Und was ist denn mit diesem Staat?! Deutschland hat 3,2 Billionen Schulden. Die müßten da oben längst den Offenbarungseid leisten. Das ist doch Konkursverschleppung! Denen drohte normalerweise Knast ... So sieht's in Wahrheit aus!«

»Wahrheit! Die Wahrheit ist das Kostbarste, was wir haben. Deshalb gehen die Politiker auch so sparsam damit um.«

»In der Politik ist die Wahrheit lediglich eine noch nicht aufgedeckte Lüge!« Und nach einer Denkpause fügte er hinzu: »Im Bundestag müßte schon längst ein Insolvenzverwalter sitzen!«

Nun lachte die Frau mit dem braunen Hut, die über ihrem Mantel ein buntes Tuch trug und eine Zeitschrift in der Hand hielt.

»Was soll denn der verwalten? Ist doch nichts da. Mangels Masse würde die Sache niedergeschlagen ...«

»Aber vielleicht schlägt die Masse einmal zurück?!«

Die Frau war weiterhin sehr erheitert.

»So eine Idee kann auch nur aus dem Osten kommen.«

»Die Finanzbeamten des deutschen Kaiserreiches ...« Über diesen Rückgriff in die Geschichte des vorigen Jahrhunderts wunderte sich die Frau augenscheinlich. »... haben nie auch nur eine Mark Sondersteuern erhoben, um die gigantischen Kosten des Ersten Weltkriegs zu decken. Und diese Regierung kann nicht mal Deutschland im Frieden finanzieren! Immer alles auf die kleinen Leute. Wissen Sie, was ein kluger Mann gesagt hat?«

»Aus dem Osten?«

Der Mann ging auf die Zwischenfrage gar nicht ein.

»Die Zeit für eine Revolution ist reif, wenn die da oben nicht mehr können und die da unten nicht mehr wollen!«

»Daß die da oben nicht mehr können, das liegt doch nur an diesem rot-grünen Dilemma. Warten Sie nur, bis die CDU wieder die Sache in die Hand nimmt. Und die da unten wollen doch nie! Und überhaupt: Sie können nicht abstreiten, daß es Ihnen in der neuen Gesellschaft materiell viel besser geht!«

»Aber wer kein Geld hat, dem nützt das alles nichts!«

»Sind die Einkaufswagen in den Supermärkten etwa leer?«

»Nein, aber ich sehe auch wieder viele Schnapsflaschen – wie damals in der DDR.«

»Solange die Flüge nach Mallorca noch ausgebucht sind, kann es so schlimm nicht sein.«

»Es fehlt eben die absolute Verelendung. Dann kracht es vielleicht wirklich mal. Aber eins sage ich Ihnen: Die nächste Revolution läuft nicht so friedlich ab.«

»Ach, hören Sie doch auf! Revolution! Wer soll die denn machen? Etwa die besoffnen Arbeitslosen auf der Parkbank?«

Der Mann sprach jetzt nachdenklich vor sich hin: »Die kriegen eben gerade noch soviel Geld, daß es für den Schnaps reicht … In diesem bescheuerten Sozialismus hatten wir wenigstens immer die *Hoffnung* auf Veränderung. Aber hier ändert sich nichts mehr …« Er schaute der Frau ins Gesicht: »Wenn's noch einen Westen gäbe – dann würde ich jetzt abhauen!«

Wo ist das Licht?

Der Widerspruch vieler Politiker ist: Wenn sie denken, handeln sie nicht, und wenn sie handeln, denken sie nicht. Und sie wollen immer dann die Ärmel hochkrempeln, wenn sie Hemden (oder Blusen) mit kurzem Arm tragen. Was glauben Sie, wie lange lassen sich die Völker noch von Parteien regieren?

20, 30 oder gar 50 Jahre?

Ich denke, in diesem Jahrhundert wird sich das ändern.

Ich stelle mir vor, Angehörige von Parteien sind dann nur noch als Reste des ehemaligen demokratischen Systems im Bundestag vertreten. Alle anderen Abgeordneten zeichnen sich allein durch hervorragende Sachkenntnis und einen hohen Grad an Menschlichkeit aus.

Die Weisheit des Volkes verkörpern dann die Damen und Herren im Hohen Haus. Und die ist ja bei unseren derzeitigen Parteien nur in Spuren vorhanden.

Deshalb: Die klügsten Parteilosen ins Parlament!

Diesen Leuten läge nur das Wohlergehen unseres Landes am Herzen. Weiter nichts. Und das ohne Diäten!

Keine »angemessene sichernde Entschädigung«, steuerfreie Pauschale und diverse Altersversorgung.

Zurück zum Anfang!

Zurück ins Jahr 1871.

Damals wurde in der Reichsverfassung festgelegt, daß die Mitglieder des Reichstages keine Entschädigung erhalten dürfen. Es gereichte zur Ehre, Abgeordneter zu sein!

Das ist lange her.

Wie sieht es heute aus? Welche Probleme lösen unsere Politiker überhaupt? Werden die Reichen gezwungen, mehr abzugeben? Können die Damen und Herren tatsächlich die Macht der Banken und Konzerne beschränken?

Und da wären wir schon bei einem weiteren Problem. Die Vertreter dieser Institutionen regieren ja auch ohne Mandat des Volkes. Wenn ein Politiker zum Beispiel den schüchternen Versuch unternimmt, am Gewinn der Unternehmen zu kratzen, sagt der toughe Konzernmanager: »Was? Mehr Steuern? Ja, das tut mir leid, da müssen wir den und den Betrieb zumachen und die Produktion ins Ausland verlagern. Da habt Ihr wieder Tausende Arbeitslose mehr!« Und erschrocken entgegnet der Politiker: »Nein, nein, so war das nicht gemeint!«

Also regiert in Deutschland eigentlich ein Schattenkabinett.

Und die Herren im Nadelstreifenanzug werfen ziemlich große Schatten.

Nun werden Sie vielleicht in einem Anflug von Optimismus sagen: Wo Licht ist, ist auch Schatten.

Aber wo ist das Licht?!

Überlegungen zur Zeit an sich

Von allen Zeiten vergeht die Gegenwart am schnellsten.

Wie ich das meine?

Nun, die Vergangenheit ruht, die Zukunft läßt auf sich warten, nur die Gegenwart rast dahin.

Die Frage ist allerdings, gibt es überhaupt eine Gegenwart?

Natürlich, sagen Sie, was für eine Frage!

So natürlich ist das aber gar nicht, denn die Gegenwart wird ja blitzschnell zur Vergangenheit. Wenn ich heute früh »Guten Morgen, meine liebe Frau!« gesagt habe, so ist dies längst Vergangenheit.

Sie meinen, ich hätte diesen Gruß in der Gegenwart gesagt ...

Bloß: Wie lange dauert die Gegenwart? Ein Jahr? Einen Monat? Einen Tag?

Der Hirnforscher Pöppel in München sagt, daß die Gegenwart drei Sekunden dauert.

Stellen Sie sich das vor: Einundzwanzig, zweiundzwanzig, dreiundzwanzig – Ende der Gegenwart.

Und warum sagt er das?

Der Wissenschaftler meint, alles wechselt in diesem Rhythmus. Die Augenbewegungen beim Autofahren, beim Betrachten eines Gegenstandes, beim Tennis, beim Sprechen ... alles folgt dem Drei-Sekunden-Takt. Das Hirn braucht genau diese Zeit, um etwas zu verarbeiten. Deshalb schaffen wir, sagt er, mit diesen drei Sekunden die Gegenwart, formen damit Bewußtsein.

Pöppel beweist: Zwei Menschen geben sich nie länger als drei Sekunden die Hand. Sie fühlen sich dann unwohl und ziehen intuitiv die Hand zurück.

Der Mann hat recht. Das können Sie jeden Tag um sich herum beobachten. Wenn Sie allerdings morgen Mut fassen und die Hand Ihres Chefs einfach länger als drei Sekunden halten. Dann … ja, dann haben Sie den Hirnforscher Pöppel in München widerlegt!

Leipzig heute

Wenn ich im Oktober 2005 über Leipzig nachdenke, stehen mir die Bilder vom revolutionären Herbst ’89 vor Augen. Die Aktionen jener Tage führten letztlich dazu, daß wir im Osten nun seit 15 Jahren im Westen leben. Und das in einem geeinten Deutschland. Was für ein Sprung: Vom Bewohner des DDR-Bezirkes Leipzig nach Europa und in die weite Welt.

Am Ende des sogenannten Sozialismus fragte ein Dokumentarfilmer: »Ist Leipzig noch zu retten?« Ein Blick in die Stadt ließ Zweifel aufkommen, aber sie wurde gerettet. Für mich war es zu DDR-Zeiten eine schreckliche Vorstellung, mit steigendem Alter und dem Verfall der eigenen Kräfte auch den unabänderlichen Verfall Leipzigs mit ansehen zu müssen.

Älter werde ich nun zwar immer noch, doch der Verfall der Messestadt wurde endlich gestoppt, wich der Rekonstruktion. Die größte Strafe für Leipziger zu Ostzeiten war der Besitz von Phantasie. Die Vorstellung, wie schön diese Stadt aussehen könnte, und die Diskrepanz zum real existierenden sozialistischen Zustand war nahezu unerträglich, dieses tägliche – wie es der Volksmund bitter formulierte – »Ruinen schaffen ohne Waffen!«.

Wieviel Kraft haben wir unbewußt verbraucht, um im Angesicht der grauschwarzen, bröckelnden Mauern ringsum trotzdem heitere Menschen zu sein …?

Apropos Phantasie … Ich weiß noch, wie ich eines Tages beim Herumstöbern im Zentrum von der Klostergasse in den Innenhof vom »Paulaner« kam (Kurioserweise hieß das Lokal in der DDR »HO Paulaner«. Das Gebäude selbst gehörte übrigens auch zu sozialistischen Zeiten weiterhin der

Münchner Brauerei!) und welches Bild sich mir bot: schmutzige, bröckelnde Fassaden, ein riesiger Haufen Briketts, ausrangierte gußeiserne Heizkörper und diverser Müll. Ein trostloser Anblick. Was könnte das für ein romantischer Hof sein, dachte ich, hier könnte man bei einem guten Essen, einem Glas Wein sitzen oder gar Theater spielen. All das wurde wahr! Die vier Fassaden des barocken Hofes strahlen heute im hellen Gelb. Seit Jahren spielt das Kabarett »academixer« hier an lauschigen Sommerabenden.

Schauen wir auf ein anderes Bauwerk aus der Barockzeit: den sogenannten Grönländer in der Petersstraße. Hätte es die DDR noch länger gegeben, dann wäre das Gebäude spätestens zu deren 45. Jahrestag planmäßig zusammengebrochen. Oder die Universitätsbibliothek. Heute eine Sensation fast, in der Art der Auferstehung der Dresdner Frauenkirche! Von der Ruine wieder zu alter Pracht.

Der hervorragende Fotoband »Leipzig. Den Wandel zeigen« von Niels Gormsen und Armin Kühne belegt eindrucksvoll in einer Damals-und-heute-Gegenüberstellung, wie viele desolate Häuser wieder zu Kleinoden herausgeputzt wurden. Das alles wollen wir – trotz vieler Probleme im Land – nicht vergessen. An das Gute gewöhnt man sich ja bekanntlich sehr schnell.

Oder ein anderes Wunder: An der Pleiße, der eben noch stinkenden Chemie-Kloake (Wir sagten früher: »Da drin kann man Filme entwickeln!«) stehen Angler! Und die Fische, die sie fangen, kann man sogar essen! Da und dort wurde der verschollene Fluß, den man zu DDR-Zeiten verrohrt und zugeschüttet hatte, inzwischen sogar wieder ans Licht geholt, spiegeln sich Häuser darin und schwimmen Wasservögel darauf.

Der verschlammte Karl-Heine-Kanal, den zumeist verfallene Industriebauten säumten, wurde zu einer Attraktion für die ganze Familie. Rad- und Gehweg entstanden parallel. Auf dem Wasser paddeln Pärchen, gibt es unter

Führung weißbemützter, echt sächsischer Kapitäne Rundfahrten für Touristen oder für Leipziger Geburtstagsgesellschaften mit Kaffee und Kuchen. Eines Tages sagte ich zu meiner Frau: »Hier fehlt bloß noch ein Gondoliere!« Das muß jemand gehört haben; ein Vierteljahr später stakste der erste im Originaldress eines Venezianers seine Gondel durch den Kanal. Und einsteigen kann man natürlich an einem italienischen Restaurant.

Aus den riesigen Braunkohlenlöchern um Leipzig herum wurden und werden Seen. Wir sitzen bei Sonnenuntergang mit einem Glas Rotwein auf dem Bootssteg und wähnen uns im Urlaub.

Touristen aus den alten Bundesländern staunen über unsere schöne Innenstadt, laufen mit großen Augen durch die Mädler- und Specks-Hof-Passage, über den Naschmarkt, durch Barthels Hof und die quirlige Barfußgasse, sitzen an einem lauen Abend neben dem plätschernden Brunnen und sagen: »Hier ist es doch wie in Rom!«

Oder eben in Klein-Paris.

Im Zentrum von Leipzig kann man heute an unglaublich vielen Stellen im Freien sitzen. Zu DDR-Zeiten undenkbar. Da schwitzte man sommers in den überfüllten Lokalen, denn es gab lediglich zwei, drei »Freisitze« in der Innenstadt. Wer Glück hatte, erhaschte einen der gefragten Plätze vor dem »Stadt Kiew« mit Blick auf die Thomaskirche. Die Bierkästen standen »wohltemperiert« sonnenbeschienen im Vorraum gestapelt, und der Gerstensaft schäumte warm im Glas …

Aber, um auf unsere schönen Bauten zurückzukommen, machen wir uns nichts vor! Die Touristen stehen staunend vor unserem Erbe, bewundern die renovierten Bauleistungen der Altvorderen, nicht die Neubauten der letzten 15 Jahre. Da sind die Leipziger oft unzufrieden. Kein Messestädter würde sagen: »Also, das neue Bildermuseum zieht einen geradezu magisch an – ein architektonisches Juwel!« Den »Hochbunker« mögen die Leipziger nicht, obwohl sie auf die großartige Bildersammlung darin stolz sind. Sie werden auch kaum jemanden finden, der von den Neubauten am Brühl oder der Galeria Kaufhof schwärmt. Heinz-Jürgen Böhme, für mich der Kenner und Kritiker unserer Stadt schlechthin, schrieb in den »Leipziger Blättern« über jene Einkaufsstätte: »Das Haus verkörpert ... vielleicht als eines der letzten den überlebten Typus des geschlossenen Kauf-Containers ...« Die typische frühere Kleinteiligkeit der Häuserfassaden im Zentrum wurde »gleich in Quartiergröße aufgegeben und das innerstädtische Strukturgeflecht ein weiteres Mal unterbrochen.«

Leipziger Prominente klagten in einem offenen Brief an den Oberbürgermeister: »Der Charakter Leipzigs hat durch zweit- und drittklassige Architektur der Neubauten stark gelitten und nähert sich immer mehr dem Klischee westdeutscher Städte ...«

Umso bedauerlicher, daß noch immer historisch wertvolle Bausubstanz zerstört wird, so zum Beispiel die Kleine Funkenburg, ein spätklassizistisches Bauwerk. Und letztlich nur deshalb, weil der Verkehrsplanung ein höherer Stellenwert eingeräumt wurde als einem kulturgeschichtlichen Aspekt. Das passiert ausgerechnet in einer Stadt, die durch Krieg und Nachkrieg so viel Unwiederbringliches verloren hat.

Zwar kann ich in der Demokratie gegen den Abriß eines denkmalgeschützten Hauses protestieren, aber abgerissen wird es trotzdem. Der oberste Stadtgestalter ist manchmal eben leider der Herr »Fördergeld«.

Manche Investition ist nicht zu begreifen. Da wurde die HNO-Klinik in der Liebigstraße abgerissen, die erst für Millionen modernisiert wurde. Ich habe immer gedacht, der Kapitalismus ist so erfolgreich, so effektiv, weil genau gerechnet (Das berühmte »Das rechnet sich nicht!« hören wir ja seit über 15 Jahren!) und sparsam gewirtschaftet wird. Nun sehe ich, daß kein anderes System solche Schulden hat und so viel Geld verschleudert. Für viele Millionen wurden die Poliklinik in der Härtelstraße, die Orthopädische Klinik und die Kinderklinik rekonstruiert, damit man nach einigen Jahren überall fröhlich auszieht. Warum wurden diese immensen Gelder nicht gleich für Neubauten vorgesehen?

Zurück zum Zentrum: Besonders schmerzt mich der Verlust des traditionsreichen Kinos Capitol im Messehaus Petershof. Wo sich die weltbesten Dokumentarfilmer trafen, können Sie jetzt T-Shirts kaufen. Wenn das nichts ist!

Und was die Wünsche der Investoren anbelangt: Da zelebriert man auch in einer Demokratie mal einen Hofknicks. Vom »Petershof« stand nicht nur die Fassade unter Denkmalschutz! Darauf ist er nun allerdings reduziert worden. Das gesamte Gebäude dahinter hat man abgerissen.

Inzwischen entsteht in der Petersstraße die neue Textilmeile der Messestadt: Karstadt, Peek & Cloppenburg, Messehof, Petershof, Messehaus am Markt und die neue Marktgalerie. Überall Klamotten! Brauchen wir so viele? Natürlich nicht. Vielleicht wird deshalb auch die Tunnelstation am Markt gebaut, damit die Menschen aus Altenburg und Halle mit der S-Bahn herbeiströmen, um im städtischen Kleiderfundus zu wühlen?

Karl Kraus hat den Bauboom in der k.u.k. Hauptstadt mit einem Bonmot charakterisiert, das angesichts der Entkernung vieler Gebäude auch auf Leipzig zutrifft: »Wien wird jetzt zur Großstadt demoliert.«

Ich sage Ihnen ganz ehrlich, heute bin ich froh, daß unsere Stadt die Olympischen Spiele nicht bekommen hat. Was da noch an Abriß und beliebigen Neubauten auf uns zugekommen wäre ...!

Worüber ich mich manchmal so wundere

Zum Beispiel über Iris Berben. Die bekannte deutsche Schauspielerin gastierte im Mendelssohn-Saal des Gewandhauses zu Leipzig. Laut Eintrittskarte war sogar der Große Saal für ihre Lesung »Hitlers Tischgespräche aus dem Führerhauptquartier und Aufzeichnungen von Holocaustopfern« geplant gewesen. Im Programmheft lobten in Grußworten Wolfgang Thierse, Klaus Wowereit, Charlotte Knobloch und Romani Rose ihr Projekt.

Iris Berben wird in dem Heft u.a. mit dem Satz zitiert: »In dieser Zeit, in der sich Anzeichen von Rechtsradikalismus mehren, muß dieses Thema im Bewußtsein der Öffentlichkeit erhalten bleiben.«

Die Eintrittskarte für die Lesung kostete 46 Euro.

Oder auch darüber wunderte ich mich sehr: In der »Jüdischen Allgemeinen« las ich einen Artikel des bekannten Journalisten und Autoren Henryk M. Broder. Darin steht der folgende Satz: »Die ehemaligen Bürger der DDR rufen nicht nur nach einer ›sozialen Hängematte‹ für alle, sie wollen auch jemand, der sie darin schaukelt.«

So sind sie also, die Ossis.

Wenn jemand solch eine pauschale Diffamierung gegen Juden formulieren würde, dann würde Broder aber – mit Recht! – aufschreien.

Oder: Da lese ich in der »Leipziger Volkszeitung«, daß der Presseclub-Präsident und MDR-Chefredakteur Wolfgang Kenntemich im Zusammenhang mit einer geplanten Auszeichnung für den früheren Gewandhausorchester-Chef sagte: »Masur habe mit seinem Aufruf zur Besonnenheit wesentlich dazu beigetragen, daß die politische Situation bei den Leipziger Montagsdemos 1989 nicht eskalierte.« Ich rief beim MDR an und bekam zufällig den Mann an den Apparat, der diesen Text geschrieben hatte. Nun fragte ich ihn, ob er nicht wisse, daß diesen Aufruf sechs Leipziger verfaßt hatten.* Darauf sagte er mir: Nein, das wisse er nicht, er stamme doch aus den alten Bundesländern. Am Ende unseres Gesprächs gelobte er Besserung und versprach hoch und heilig Korrektur.

Als einige Wochen später die »Heiße Kartoffel« an Kurt Masur übergeben wurde, stand in der LVZ aus der Begründung für die Auszeichnung: »Masur habe mit seinem Aufruf zur Besonnenheit im Herbst 1989 wesentlich dazu beigetragen, daß die politische Situation während der Leipziger Montagsdemonstrationen nicht eskalierte ...«

Wenn es um das Verdrehen von Fakten geht, wird man auch bei Leipzigern selbst fündig. Werner Heiduczek schreibt in seinem Memoirenband »Die Schatten meiner Toten« über jenen Aufruf: »... ist im Grunde genommen ohne Wirkung gewesen. Der übergroße Teil der Demonstranten hat ihn gar nicht mitbekommen.«

Wie groß ist ein übergroßer Teil?

Und: Hat er den »übergroßen Teil« gefragt?

Der Aufruf wurde im Sender Leipzig verlesen und vor Tausenden in den vier überfüllten Stadtkirchen. Auf dem Karl-Marx-Platz hörte ich wiederum die Menge »Masur, Masur« skandieren, nachdem der Text über den Stadtfunk gesendet worden war. Aber weil er, Werner Heiduczek, den Aufruf nicht gehört hatte, nahm er in Anspruch, für andere eine Feststellung treffen zu müssen.

Er datiert den Aufruf in seinem Buch zweimal auf den 9. November 1989. An dem Tag hat ihn tatsächlich keiner mit-

* Die Verfasser des Aufrufs waren Kurt Masur, Peter Zimmermann, Kurt Meyer, Roland Wötzel, Jochen Pommert und Bernd-Lutz Lange.

bekommen, denn er wurde bereits an jenem legendären 9. Oktober verfaßt und gesendet, an jenem Montag also, an dem 70000 Demonstranten das Ende der DDR einläuteten. Am 9. November solch einen Text zu verfassen, hätte keines besonderen Mutes mehr bedurft.

In der Verfilmung des Romans »Nikolaikirche« von Erich Loest gibt es eine merkwürdige Szene. Man hört die Stimme von Masur, während im Bild die menschenleeren Arkaden vom Alten Rathaus gezeigt werden. Der Film, der an vielen Stellen sehr dokumentarisch angelegt ist, geht hier völlig von der Realität ab, gab es am 9. Oktober 1989 doch in der überfüllten Innenstadt überhaupt keine Straße ohne Menschen.

Wie formulierte es Charlie Chaplin einst so schön: »Wenn ich mir vergegenwärtige, wie sehr sogar ganz kurz zurückliegende Ereignisse verzerrt worden sind, dann wird Geschichte als solche für mich sehr fragwürdig.«

Angie

2005 – was für ein Jahr! Erst rief ganz Deutschland: »Wir sind Papst!« Und dann konnten die Ostdeutschen sagen: »Wir sind Kanzler!«

Angela Merkel hat die deutsche Sprache bereichert: Bundeskanzler*in* wurde zum Wort des Jahres gekürt.

Wissen Sie, was das außerdem bedeutet?! Angela Merkel ist die erste Bundeskanzlerin, die Mitglied der FDJ war!

Dort hat sie vielleicht auch die Strategie und Taktik erlernt, um die Männerriege auszutricksen: den Stoiber abgestoibt, den Merz ausgemerzt, den Koch abgekocht. Als sie zur Frontfrau ernannt wurde, ballerten auch gleich einige aus den Schützengräben los. Aber sie schien unverwundbar – die eiserne Lady ohne Handtasche. Sie schaut wie ein Dackel, kann aber scharf wie ein Pitbull sein. Von Beruf ist sie Physikerin.

Physik ist bekanntlich die Wissenschaft von den Erscheinungen in der unbelebten Natur. Das kommt ihr alles für die Arbeit im Bundestag sehr zupasse. Außerdem kennt sie sich aus mit Kräften und Gegenkräften, mit der Trägheit der Masse und wie man Masse auch beschleunigen kann.

Ihre Doktorarbeit hieß »Untersuchung des Mechanismus von Zerfallsreaktionen mit einfachem Bindungsbruch und Berechnung ihrer Geschwindigkeitskonstanten auf der Grundlage quantenchemischer und statistischer Methoden«.

Zerfallsreaktionen … Bindungsbruch … Geschwindigkeitskonstanten … kann sie alles in der Politik gebrauchen.

Nun regiert die Frau aus dem Osten 80 Millionen Deutsche!

Vielleicht ziehen jetzt Glasnost und Perestroika in den Bundestag ein! In der 8. Klasse hat sie jedenfalls die Russisch-Olympiade gewonnen und war zur Belohnung mit dem Freundschaftszug in der Sowjetunion. Das wird den Putin freuen!

Frau Merkel ist mit einem Herrn Sauer verheiratet, hat aber aus gutem Grund den Namen nicht angenommen. Wie hätte das geklungen: Wählt Sauer! Sauer siegt! Obwohl: Sauer macht lustig!

Doch das wollen wir erst mal sehen.

Merkels Pech ist allerdings, daß sie in einer Phase an die Macht kommt, in der die Zeit der Parteiendemokratie abgelaufen scheint. Daraus ergeben sich zwei gravierende Konflikte: Die Politiker haben das noch nicht realisiert und ein neues Gesellschaftsmodell ist nicht in Sicht.

Zudem muß sie mit einem unlösbaren Widerspruch umgehen: Wer dem Volk die Wahrheit sagt, wird nicht gewählt, aber das Volk fordert von den Politikern ständig Glaubwürdigkeit.

Angela Merkel hat gesagt, sie will »Politik ohne Lüge« machen.

Na, dann ist ja ihr Ende schon abzusehen …

Warten

Vorigen Monat wartete ich auf ein verspätetes Flugzeug, unlängst habe ich auf dem Bahnsteig auf einen Zug gewartet, ein paar Tage danach stand ich mit meinem Auto im Stau und wartete, daß die Fahrbahn wieder frei würde. Wir wollen immer schneller vorankommen und erreichen oft das Gegenteil.

Wir warten unentwegt.

Schon der Start ins Leben beginnt mit Warten.

Neun Monate warten wir, bis wir geboren werden. Die Freudianer meinen übrigens, daß wir uns ein Leben lang in die Geborgenheit des Mutterleibs zurücksehnen ... Kann schon was dran sein, schließlich ist es die einzige Zeit im Leben, in der wir uns in einer natürlichen Umwelt befinden.

Als Kleinkinder warten wir, daß wir größer werden, dann warten wir, daß die Schule endlich aus ist, später auf den Partner oder die Partnerin und schließlich auf die eigenen Kinder. In der DDR warteten wir auf Autos, Kühltruhen und die Handwerker. Nach der Wende gerieten Menschen in die Warteschleifen der Arbeitsämter. Wir warten beim Arzt in Zimmern, die extra dafür eingerichtet wurden. Und manch einer steht sogar auf einer Warteliste für eine Operation.

Und schließlich warten wir auf den Tod.

Nun werden Sie sagen, daß man darauf doch nicht wartet! Natürlich nicht direkt, aber alles, was wir nicht bestimmen können, müssen wir erwarten.

Wie auch den verspäteten Zug!

Andererseits: Die Christen warten schon 2000 Jahre auf den Messias! Die Juden sogar schon 4000 Jahre! Was wiegen dagegen die paar Minuten des Wartens auf einen Zug?

Der Messias hat vielleicht 5000 Jahre Verspätung!

Trotzdem warten Menschen auf ihn, denn Warten schafft Hoffnung. Er könnte ja kommen. Es könnte sich ja etwas ändern. Ein Politiker wie Gorbatschow wurde auch sehnsüchtig erwartet. Als er dann regierte, war es bald vorbei mit ihm.

Hoffnung verändert mitunter die Welt. Und Menschen wie Jesus, Rosa Luxemburg, Liebknecht, Rathenau, Martin Luther King, Rabin oder Olof Palme … Da fällt mir ein … die hier erwähnten … wurden ja alle umgebracht …!

Also ausgerechnet jene Menschen, die unsere Welt gewaltlos verändern wollten, wurden durch Gewalt ins Jenseits befördert.

Nur Diktatoren sterben im Bett.

Das ist Ihnen zu hoffnungslos?

Dann beende ich diesen Text eben mit einem optimistischen Satz: Vielleicht kommt er ja doch bald, der Messias!

Bescherung

Am 4. Advent 2005 klingelte es abends gegen acht an unserer Wohnungstür. Meine Frau öffnete und sagte mir dann, Stephan König, der unter uns wohnt, hätte gemeint, wir sollten schnell kommen, wenn wir noch ein kleines Konzert erleben möchten.

Ein Konzert?

Wo gab es das hier?

Da Stephan Pianist ist und manchmal Kollegen in seine Wohnung zu Hauskonzerten einlädt, dachte ich, er hätte dieses Mal das Musizieren ins Treppenhaus verlegt. Als wir uns aufmachten, hörten wir jedoch vor der Tür schon wunderbaren mehrstimmigen Gesang. Auf dem Treppenabsatz des unteren Stockwerkes standen drei Frauen und drei Männer, alle etwa um die Dreißig. Sie sangen alte und neue, bekannte und unbekannte Weihnachtsweisen. Eine junge Frau hielt in einer Hand zwei brennende Kerzen. Die sechs gaben dieses Weihnachtskonzert für uns zwei Paare im Stil der Sternensinger.

Stephan und seine Partnerin boten dem kleinen Chor anschließend Glühwein oder einen Imbiß an. Nein, danke, sie wollten weiter und noch in anderen Häusern diese Lieder singen.

Wir fragten, ob sie für eine gute Sache sammeln und wir einen Beitrag dazu leisten könnten, weil sich keiner von uns – trainiert durch den Alltag – vorstellen konnte, daß sie das nur für andere und sich zur Freude machten, ohne auch nur einen karitativen Hintergedanken zu haben. Aber sie verneinten ein weiteres Mal.

Ich war davon sehr berührt und dachte, daß es in dieser Zeit, die vom Kommerz wie mit Mehltau überzogen ist, noch so viel Uneigennützigkeit gibt – das läßt doch wirklich hoffen! Und ich fühlte mich beschenkt. Aber es war ein ganz besonderes Geschenk, eines, das die glitzernden und flimmernden Kaufhäuser nicht bieten können.

Was für ein Advent!

Einmal im Jahr

1993 war ich mit meinem Kollegen Gunter Böhnke und unserem Pianisten Rainer Vothel auf Einladung des Goethe-Institutes in den USA. Wir spielten Kabarett in Saint Louis, Dallas, Houston und hatten drei Vorstellungen in Los Angeles.

Dort haben meine Frau Stefanie und ich gute Freunde; nach unserer Tournee luden uns die aus Leipzig stammenden Margot und Henry Bamberger ein, mit ihnen San Francisco zu besuchen. Wir bestiegen den Jaguar von Henry, und er düste über den Highway Number One mit einer Zwischenstation im herrlichen Küstenort Monterey in die kalifornische Metropole. Wir bummelten durch San Francisco in der Vorweihnachtszeit und kauften für unseren Tannenbaum in Leipzig ein kleines rotes hölzernes Cable car. Als Linien sind darauf vermerkt: POWELL AND MARKET und HYDE AND BEACH. Es ist das Cable car Nr. 39. Der Weihnachtsmann hängt in der Tür und zwei Glöckchen bimmeln vom Dach. Ich erinnere mich noch genau, wie ich mit Henry solch ein Gefährt bestieg, der Fahrgastraum überfüllt war und der farbige Schaffner meinen Freund aufforderte: »Hang up!« Und so stand Henry mit 70 Jahren auf dem Trittbrett, hielt sich tapfer an den Haltestangen fest und ließ sich von der Kabelbahn den Hügel hinaufchauffieren. Und ich dachte bei mir: In Deutschland unvorstellbar!

Der Kauf weihnachtlichen Baumschmucks auf Reisen ist für meine Frau und mich seither zu einem Ritual geworden, von jedem Urlaub bringen wir ein Souvenir mit. Dabei handelt es sich fast nur um Dinge, die nie dafür vorgesehen waren, am Zweig eines Baumes zu hängen. Einmal im Jahr, wenn wir am Vormittag des Heiligen Abends unseren Baum schmücken, erinnern wir uns an den Aufenthalt in Städten und Landschaften, die wir seit 1990 sehen konnten, übertölpeln so die schnellebige Zeit und lassen uns von den Mitbringseln – wie eben durch jenes hölzerne Cable car – an Erlebnisse und Beobachtungen erinnern. Und so fragt an diesem Vormittag oft einer den anderen: »Weißt du noch?«

Ich will Ihnen ein paar ausgewählte Stücke vorstellen. Eine kleine Naturholz-Krippe – zum Anlaß sehr passend – hängen wir an einen kräftigen Zweig. Zu sehen sind in Umrissen Maria und Joseph, eine Palme und ein Stern über dem angedeuteten Stall. Diese Krippe stammt direkt aus Bethlehem, wurde an einem Stand vor der Geburtskirche Christi erworben und ist dort natürlich in x Varianten für die Touristen aus aller Welt erhältlich. Mir fällt dabei ein, wie wir fromme Moslems in dem Ort erlebten, die, weil die Moschee überfüllt war, ihren Gebetsteppich auf der Straße ausgerollt hatten. Die Stimme des Imams tönte schrill aus einem Lautsprecher, sie erinnerte mich an die Aufmärsche in der DDR zum 1. Mai. Ich bemerkte in der Nähe einen Mann, der bestimmt sehr arm war, denn er legte keinen Teppich, sondern einen flachen Karton auf den Boden und kniete sich auf seine »Gebetspappe«.

Aus Rom brachten wir Protestanten uns einen hölzernen Rosenkranz mit, den wir nun jedes Jahr über einen Zweig hängen. Die Katholiken sprechen die dazugehörige Andachtsübung in mehreren Teilen zur Ehre der Gottesmutter Maria. Vor einer Kirche sah ich in Rom ein etwa 12-, 13jähriges Mädchen, das mit einem Baby im Arm bettelte. Das Baby war so in Stoff gehüllt, daß es kaum zu sehen war. Ich hatte plötzlich einen Verdacht und näherte mich von hinten den beiden, eine Säule als Tarnung ausnutzend. Und tatsächlich, meine Vermutung bestätigte sich: In ihren Armen befand sich gar kein Baby, eine rosafarbene Decke war nur geschickt drapiert, daß es so aussah. Die Rechnung der kleinen Psychologin ging auf – das arme Mädchen mit ihrem Schwesterchen! Und während sie die leere Decke wiegte, klimperten die Münzen der Touristen in einen Plastikbecher.

Paris ist an unserem Weihnachtsbaum mit einem silbernen Jugendstil-Anhänger in Größe einer Münze vertreten, auf dem reliefartig das Wahrzeichen der französischen Hauptstadt abgebildet ist. »La tour Eiffel« steht darauf. Ich entsinne mich genau an jenen Flohmarkt, auf dem ich den Anhänger erworben habe. Auf der angrenzenden Straße wurde mit Akkordeon, Geige und Gitarre musiziert. Eine Frau sang vor einem Mikrofon, und Menschen unterschiedlichen Alters tanzten auf dem Asphalt nach chansonartigen Weisen. Genauso wie man sich das Pariser Leben vorstellt! Ein paar hundert Meter weiter, im Vorraum eines großen Geschäftes saßen an diesem Sonntag im August zwei Männer auf einer Schaumgummi-Matratze. Im Schaufenster daneben hing eine Werbung für ein Parfüm: l'Anarchiste. Der eine Mann, er trug eine helle Hose und ein gelbes Jackett, wirkte auf mich geradezu wie ein Intellektueller, der andere, im grünen Blouson, schien sein Leben schon länger mehr oder weniger auf der Straße zu fristen. Er öffnete den Deckel einer weißen Plastikschüssel, dann riß er an einem Karton zwei Streifen ab. Ich tat so, als schaute ich in die Auslagen des Geschäftes und beobachtete fassungslos, daß die beiden jene Pappstreifen als Löffel benutzten und aus der Schüssel damit Reis aßen. Ich hatte das starke Bedürfnis, ihnen etwas Gutes zu tun, drückte dem Mann im grünen Blouson im Vorbeigehen einen Schein in die Hand und sagte dabei: »Pour vin.« Er antwortete: »Merci beaucoup«, und schaute mich verwundert an.

Ein kleiner roter Holzelch am Weihnachtsbaum kündet von unserer Schiffsreise nach Norwegen. Wir kauften ihn auf einem Markt in Bergen. Wenige Meter entfernt hielt ein Auto, das mit Obst beladen war. Den Werbespruch auf der Karosse habe ich mir in mein Notizbuch geschrieben:

Lev sunt og riktig – frukt er viktig.

Den Sinn kann man sich schnell entschlüsseln – wie oft bei Wörtern im Norwegischen. Die sehen aus, als hätte sie ein Deutscher mit einer gravierenden Rechtschreibschwäche zu Papier gebracht. Wie zum Beispiel internasjonal, musikk, aldersgrense, kvalitett, regncape oder fysioterapi.

Die kleine Flasche Chianti am Baum stammt direkt aus Chianti, jenem Gebiet zwischen Florenz und Siena in der Toskana. Diese Landschaft haben wir besonders genossen. Der Inbegriff der ländlichen Toskana ist für mich ein Gehöft auf einer kleinen Anhöhe, von Zypressen umgeben. Wir wohnten in einem alten Dorf, das zu einer Hotelanlage umgestaltet worden war. Im Zimmer, wie stets in der Toskana, schöne alte Möbel. Die Schranktür knarrte schon seit über 100 Jahren. Welch eine Achtung vor der Kultur der Altvorderen, kein Vergleich mit den geleckten deutschen Hotelzimmern aus dem Katalog. Es gibt, das war mein Eindruck, einfach keinen Kitsch. In der Toskana ist es jedenfalls undenkbar, sich einen buntbemalten Autoreifen in den Vorgarten zu legen …

Aus Südtirol brachten wir uns ein Strohpüppchen mit, das einen Blumenkorb im Arm hält, ein rotes Band ziert den Hut. Wir wohnten im Hotel Grüner Baum in Brixen. Eine ehemalige Leipzigerin hatte uns eingeladen. Ruth Döry war früher am Connewitzer Kreuz zu Hause gewesen, nun lebte sie schon viele Jahre in Israel. Je älter sie wurde, um so weniger vertrug sie dort die sommerliche Hitze. Deshalb fuhr sie nach Brixen. Ermöglicht hatten ihr die Reise letztlich die Demonstranten von Leipzig. Dadurch bekam sie jenes Haus am Connewitzer Kreuz zurück, das einst ihren Eltern gehört hatte. Sie verkaufte es und konnte sich mit dem Erlös in ihren letzten Lebensjahren den Aufenthalt im Südtirol finanzieren. Das Hotel besaß ein Schwimmbecken, und ich kam dort eines Tages mit einer blonden, blauäugigen Frau ins Gespräch, die sich neben mir auf einer Liege sonnte. Sie stammte aus Mailand, und ich entdeckte plötzlich eine eintätowierte Nummer an ihrem Arm. Sie war sehr verwundert, daß ich es bemerkt hatte und ihr sagte: »Sie waren in einem Lager.« Die Italienerin hatte einen langen Leidensweg hinter sich. Sie war 14 Jahre alt, als die Deutschen kamen und sie nach Auschwitz, Ravensbrück, Malchow und sogar in die Nähe meiner Heimatstadt, nach Taucha bei Leipzig, verschleppten. Auch der Todesmarsch blieb ihr nicht erspart. »Einer lag angeschossen am Wegesrand, bettelte den Uniformierten an: ›Endige mich, endige mich!‹ Er hat um den Tod gebettelt.« Während sie mir das alles erzählte, rannen Schweißperlen über ihr Gesicht, die sich mit Tränen mischten.

Aus Venedig hängt an unserem Weihnachtsbaum ein gläserner, in Blei gefaßter Davidstern. Wir kauften ihn im Stadtviertel Ghetto. Was weltweit zum Synonym für ein jüdisches Gebiet wurde, begann in Venedig. Das Wort bedeutet im venezianischen Dialekt Metallguß. In jener Gegend gab es einst einige Metallgießereien. Im 16. Jahrhundert siedelten sich dort Juden an. Abends schlossen die Venezianer die Tore des Ghettos, sie wurden von Soldaten bewacht, die auch noch von den Juden bezahlt werden mußten. Die Diskriminierung der jüdischen Bewohner hat also auch in Italien eine lange Geschichte.

In der Bretagne entdeckten wir eine Art Miniatur-Stollenbrett aus Keramik. Die folkloristische Arbeit ist farbig glasiert, eine Frau in bunter Tracht ist darauf zu sehen, die zwei Körbe mit Fischen trägt. Wir kauften das Erinnerungsstück in Saint-Thégonnec. Ein Höhepunkt bretonischer Kunst ist der umfriedete Kirchhof des Dorfes. Der 1610 errichtete Calvaire zeigt die Leidensgeschichte Jesu Christi. Darüber sieht man den heiligen Thégonnec mit einem Wolf vor seinem Karren. Das ungewöhnliche Zugtier hatte er eingespannt, weil Wölfe seinen Esel aufgefressen hatten. Und ich dachte, das geschieht dem Isegrim ganz recht!

So kam also über die Jahre Stück für Stück zu unserem Baumschmuck dazu. Der Weihnachtsbaum ist bei uns übrigens nur mit echten Kerzen bestückt. Die Kerzenhalter stammen noch von meinem Großvater Curt, dem Gastwirt, und bezeugen mit ihrer funktionierenden Halterung die damalige sprichwörtliche Qualität. Wenn meine Enkel sie dereinst benutzen sollten, stammen sie dann vom Urgroßvater.

Kerzen am Baum strahlen eine besondere Festlichkeit und Ruhe aus. Bis auf drei. Jedes Jahr gibt es an unserem großen Baum drei Wachslichter, deren Flammen hektisch flackern. Im Gegensatz zu den drei Heiligen Königen am Fuße des Baumes sind das zumeist an der Spitze drei eilige Kerzen. Wir selbst spüren nicht den Hauch einer Luftbewegung, und trotzdem gibt es im Raum geheimnisvolle Ströme, die jene drei Kerzen immer zum schnelleren Abbrennen animieren.

Der älteste Schmuck an unserem Baum ist allerdings nicht gekauft, sondern selbst gebastelt. Aus einer kleinen Wachsplatte formte ich mit meinem Sohn Sascha eine gezackte rote Königskrone. Er war damals drei Jahre – so alt ist heute sein jüngster Sohn! Letztes Weihnachten wurde mir bewußt, daß jene Bastelstunde schon über 30 Jahre zurückliegt ... Unglaublich!

Silvester

Polizei und Feuerwehr in Leipzig sprachen, bezogen auf Silvester 2005, von einem »ungewöhnlich ruhigen Jahreswechsel«.

Aber wie sah das Resümee am 1. Januar 2006 tatsächlich aus?

Alle Notärzte und Rettungsfahrzeuge waren in der Nacht ständig im Einsatz. Nachmittags hatte sich ein Mann in Gohlis beim Böllerknallen so schwer verletzt, daß mehrere Finger amputiert werden mußten. Bei Schlägereien im Zentrum der Stadt zogen sich etliche Personen Platzwunden und Prellungen zu.

Auf dem Augustusplatz feierten 1500 Leute auf ihre etwas verschärfte Art. Einige Gäste erlitten beim Abschießen der Raketen Verbrennungen. Und warum? In der »Leipziger Volkszeitung« wurde dazu geschrieben: »Auf dem Augustusplatz fliegen mehr Raketen quer, als das ganze Jahr lang Flugzeuge über Leipzig.« Raketen Richtung Himmel zu schießen ist ja auch furchtbar langweilig. Der Mensch neben dir ist das Ziel!

»Auf dem Fockeberg feuern Gäste in Feierlaune anderen Zuschauern dicke Böller direkt vor die Füße, anderswo werden mit Krachern Briefkästen in die Luft gesprengt.«

Das Connewitzer Kreuz, so erfahren wir in demselben Blatt, wurde 23.30 Uhr drei Stunden für den Verkehr gesperrt. »Bis kurz vor Mitternacht schallte extrem laute Musik aus einem Haus an der Kochstraße über den fast leeren Platz. Dann strömten einige hundert Jugendliche herbei. Sie zündeten so viele Raketen, Böller und Knaller, daß die Musik erst gegen 0.45 wieder hörbar war.«

Die Polizei nahm in Connewitz sieben Personen vorübergehend fest und stellte 15 Strafanzeigen. Meist ging es um Diebstähle oder Angriffe mit Raketen.«

Angriffe mit Raketen? Silvesterkrieg.

Drei Hundertschaften der Polizei standen am Connewitzer Kreuz in Bereitschaft. Aber auch in anderen Gegenden der Stadt kam fröhliche Feierlaune auf! Gegen 0.30 Uhr wurde das Polizeirevier West von Jugendlichen angegriffen. Mit Flaschen, Steinen und Feuerwerkskörpern demolierten sie etliche Scheiben. Ein 15jähriger wurde verhaftet, von 13 anderen stellten Polizisten die Personalien fest.

Attacken gab es auch auf Leipziger Straßenbahnen. Es flogen Steine und Flaschen. 8000 Euro Schaden. Eine Bahn konnte nicht weiterfahren, weil auf den Schienen brennende Container standen.

»Trauriger Höhepunkt«, so ein LVB-Sprecher, sei ein Angriff auf eine Straßenbahnfahrerin um 4.32 Uhr in Dölitz gewesen. »Sie mußte mit Kopfverletzungen zum Arzt.«

So sieht also aus der Sicht der Polizei ein Silvesterabend aus, der »verhältnismäßig ruhig« verlaufen ist. Man merkt schon: Die Jungs sind allerhand gewöhnt!

Wie geht das nun weiter mit Silvester in Deutschland? Eine Ahnung davon erhielten wir durch einen Vorfall in Gelsenkirchen: Ein Mann verläßt um Mitternacht eine Kneipe mit dem schönen Namen »Zum Sieger«. Er schießt mit einer Pistole – netterweise – nur in die Luft. Ein siebenjähriges Mädchen bricht zusammen. Sie ist lebensgefährlich verletzt. Die Leute dachten, sie wäre von einer Rakete getroffen worden. Im Krankenhaus stellt sich heraus, daß sie einen Bauchschuß hat – verursacht durch einen Querschläger.

Der Schütze geht zurück in den »Sieger«, feiert fröhlich weiter. Er habe nichts bemerkt.

Raketen auf Menschen zu schießen ist wohl nur ein Anfang, das wird nicht lange attraktiv bleiben. Schließlich können die Getroffenen zumeist aus eigener Kraft noch den Platz verlassen und an der Straße in den Krankenwagen steigen.

Der Mann im »Sieger« dürfte die Zukunft eingeläutet haben.

Ich denke an das Silvester in meiner Kindheit. Kurz vor Mitternacht wurden die Fenster geöffnet, um die Glocken zu hören. In Kinderaugen spiegelte sich ein Sternchenfeuer. Das klingt wie 19. Jahrhundert, ist aber erst 50 Jahre her.

Von wegen: in Deutschland geht es zu langsam vorwärts!

Beim Friseur

Mein Friseur ist ein weiser Mann. Sie haben ihn ja kennengelernt und stimmen mir gewiß zu. Er macht sich seine Gedanken beim Schnippeln, er hört viel. Er frisiert die Köpfe von Kunden aus allen sozialen Schichten. Er weiß, was außerhalb seines Salons im Lande los ist. Manchmal weiß er sogar mehr, als in der Zeitung steht.

Er ist ein Seismograph der Gesellschaft.

Wie die Dichter. Bloß, daß die Dichter mitunter versuchen, aus ihren Erfahrungen mit Gewalt ein Buch zu machen. Mein Friseur kennt diesen Ehrgeiz nicht, er sammelt die Weisheit des Volkes und will nur dem nächsten Kunden mit seinem Wissen dienen.

Außerdem hat mein Friseur Humor. Als ich unlängst seufzte: »Tja, was soll man wählen?!« Da meinte er: »Also, ich würde Ihnen raten, am besten Wild mit einem schönen Merlot!«

Daraufhin fragte ich ihn, ob er nur noch im Restaurant wählen würde. »Ja«, sagte er, »das kommt mich viel billiger.« Der Mann hat recht.

Mein Friseur meint, die Demokratie kann nur durch die moderne Technik demokratischer gemacht werden. Wie das?

Angenommen, so erklärte er mir, es ginge darum, Soldaten nach Quietschendamango zu schicken, so solle das gefälligst das ganze Volk entscheiden. Alle Menschen im Land gehen einfach online und drücken dann das entsprechende Feld ihrer Wahl.

»Und die Politiker?« fragte ich.

»Die werden weggedrückt! Wir müssen«, meinte er, »uns davon verabschieden, daß Parteien unsere Probleme lösen können. Sie werden sowieso nur gewählt, weil sie angenehme Versprechungen machen, die sie später nicht einlösen können. Politiker sind die einzigen Menschen in unserem Land, die für Falschaussagen nicht zur Rechenschaft gezogen werden. Im schlimmsten Fall werden sie aus dem Amt entfernt.«

Am besten fand ich jedoch seine Antwort auf eine Frage, die ich gar nicht gestellt hatte: »Und wenn Sie mich fragen, Herr Lange, wie das mit der jetzigen Regierung weitergeht, dann sage ich Ihnen nur: Es bleibt, wie es war, und es wird, wie es ist.«

Genial.

Das hat philosophische Tiefe.

Was für ein Geist hat sich da ein Leben lang mit dem Waschen und Kürzen von Haaren zufriedengegeben! Der Mann hat auch einen Blick für die Zukunft – ich sage Ihnen, darauf können Sie wirklich bauen. Als ich ihn am Jahresende fragte, wie seine Prognose für das kommende Jahr sei, da meinte er: »Schwer, Herr Lange, sehr schwer … aber ich glaube es wird ein mittleres.«

»Ein mittleres?«

»Ja … etwas schlechter als das letzte, aber etwas besser als das folgende.«

Das nenne ich Optimismus.

Bei meinen Recherchen für dieses Buch halfen mir die im Chronik Verlag erschienenen Jahresrückblicke 1989 bis 2005. Weitere Informationen verdanke ich der Internet-Enzyklopädie Wikipedia.

Bernd-Lutz Lange

Inhalt